어린이 과학형사대 CSI ❾

초판 1쇄 발행 | 2009년 10월 16일
개정판 1쇄 발행 | 2024년 9월 2일

지은이 | 고희정
그린이 | 서용남
감　수 | 곽영직

펴 낸 곳 | (주)가나문화콘텐츠
펴 낸 이 | 김남전
편 집 장 | 유다형
편　　집 | 김아영
디 자 인 | 양란희
마 케 팅 | 정상원 한웅 정용민 김건우
경영관리 | 임종열

출판 등록 | 2002년 2월 15일 제10-2308호
주　　소 | 경기도 고양시 덕양구 호원길 3-2
전　　화 | 02-717-5494(편집부) 02-332-7755(관리부)
팩　　스 | 02-324-9944
홈페이지 | ganapub.com
이 메 일 | ganapub@naver.com

ⓒ 고희정, 2009

ISBN 978-89-5736-482-6　(74400)
　　　978-89-5736-440-6　(세트)

* 책값은 뒤표지에 표시되어 있습니다.
* 이 책의 내용을 재사용하려면 반드시 저작권자와 (주)가나문화콘텐츠 양측의 동의를 얻어야 합니다.
* 잘못된 책은 구입하신 서점에서 바꾸어 드립니다.
* '가나출판사'는 (주)가나문화콘텐츠의 출판 브랜드입니다.

- 제조자명 : (주)가나문화콘텐츠
- 주소 및 전화번호 : 경기도 고양시 덕양구 호원길 3-2 / 02-717-5494
- 제조연월 : 2024년 9월 2일
- 제조국명 : 대한민국
- 사용연령 : 4세 이상 어린이 제품

어린이 과학형사대 CSI 9

CSI, 마지막 학기를 보내다

글 고희정 · 그림 서용남
감수 곽영직

가나

주인공 소개

박춘삼 교장 (67세)

- 어린이 형사 학교 교장. 똑똑한 어린이들을 모아 CSI를 만든다. 게으르고 잠꾸러기여서 교장실에서 주로 하는 일은 코 골며 잠자기.

어수선 형사 (35세)

- 박춘삼 교장의 조수 겸 형사. 항상 말 많고 어수선하고 덤벙대서 문제를 잘 일으킨다. 그러나 역시 사건이 터지면 박춘삼 교장과 환상의 콤비로 행동한다.

반달곰 (13세)

- 동식물에 대한 지식이 깊다. 행동이 아주 느리지만 순수하고 착한 시골 아이. 곰과 비슷한 정도로 덩치가 크고, 힘도 아주 세서 힘쓸 일은 도맡아 한다.

나혜성 (14세)

- 백과사전과 같은 잡학의 달인으로, 특히 우주와 지구에 대해 잘 알고 있다. 얼짱 꽃미남이지만 엄청난 잘난 척과 대단한 이기심을 가진 왕재수.

한영재 (13세)

- 물리적 현상에 대한 지식과 기계 다루는 솜씨가 뛰어나다. 이미 고등학교 물리, 수학 문제를 다 풀 정도의 뛰어난 영재. 끈질긴 성격과 대단한 집중력이 있다.

이요리 (14세)

- 화학적 현상에 대한 지식이 해박하다. 게다가 무엇이든 실험해 봐야 직성이 풀리는 불굴의 실험 정신을 지니고 있다. 요리를 좋아하고 재능도 많다.

차 례

- 코단의 첫 수업! • 6

- 사건 1 : 산장에서 생긴 일 • 12
  - 핵심 과학 원리 – 번개
  - 혜성이가 들려주는 사건 해결의 열쇠 • 38

- 사건 2 : 유서의 진실을 밝혀라! • 42
  - 핵심 과학 원리 – 자외선과 적외선
  - 영재가 들려주는 사건 해결의 열쇠 • 70

- 사건 3 : 한 청년의 죽음 • 74
  - 핵심 과학 원리 – 식물의 생장
  - 달곰이가 들려주는 사건 해결의 열쇠 • 100

- 사건 4 : 신혼여행, 이별 여행 • 104
  - 핵심 과학 원리 – 기체의 용해
  - 요리가 들려주는 사건 해결의 열쇠 • 130

- 사건 5 : 마약 조직을 잡아라! • 134
  - 핵심 과학 원리 – 원운동
  - 영재가 들려주는 사건 해결의 열쇠 • 160

- CSI, 고민에 빠지다! • 164

- 특별 활동 : CSI, 함께 놀며 훈련하다! • 170

- 찾아보기 • 180

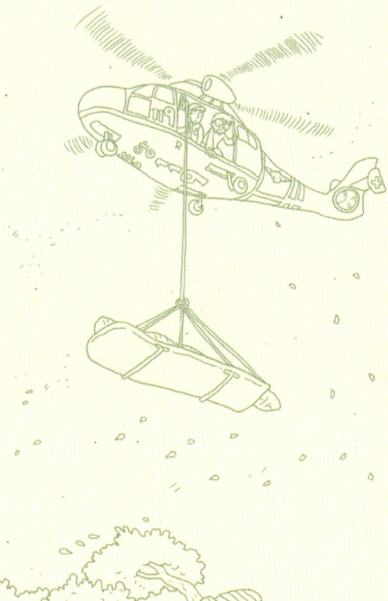

코단의 첫 수업!

결국 잭슨은 재판에서 유죄 판결을 받았어. 이 사건은 영국에서 지문을 증거로 하여 유죄 판결을 받은 첫 번째 사례로 남아 있지.

다음, 사건 2. 1971년에 미국 작가 클리퍼드 어빙은 미국의 억만장자 하워드 휴스의 전기를 쓰도록 허락을 받았다면서 유명 출판사에 출판 제의를 했지. 하지만 이 사건은 결국 어빙의 사기극으로 판명이 났어. 그 이유는 무엇이었을까?

■ 핵심 과학 원리 – 번개

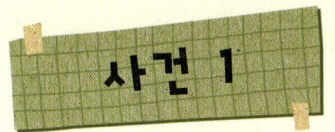

산장에서 생긴 일

"나상진이 사라졌어."
갑작스런 코단의 말에 모두 어리둥절했다.
"어제 짐 남기고 간 남자. 그 사람이 산장에 돌아오지 않았대."

산장에서의 하룻밤

토요일. 수업에, 숙제에, 눈코 뜰 새 없이 바빴던 한 주를 보내고 오전 내내 주간 테스트까지 보고 나니, 아이들은 모두 날아갈 듯 기뻤다. 오후에 코단과 함께 등산을 가기로 했기 때문이다.

박 교장은 이 늦더위에 멍멍이도 안 걸리는 감기에 걸렸고 어 형사는 결혼 준비에 바빠서 같이 가지 못하는 게 서운하기는 했지만, 그래도 산장에서 하룻밤 자기까지 한다니 이 어찌 기쁘지 않겠는가.

목적지는 충청북도에 있는 산, '노파라'. 정상은 '거대암'이라 이름 붙여진 커다란 암석으로 이루어져 있는데, 그곳까지 오르려면 숙련된 등산가는 3시간쯤, 초보자는 5시간쯤 걸린다고 한다.

"정상까지 올라갔다 내려오기에는 너무 늦었지? 그러니 일단 오늘은 산 중턱에 있는 산장에서 자고 내일 아침 일찍 올라갔다 내려오자."

"네!"

코단의 말에 모두 큰 소리로 대답했다. 그러고는 상쾌한 기분으로 산을 오르기 시작했는데, 공부 스트레스로 지끈지끈 아팠던 머리가 순식간에 맑아지는 느낌. 이래서 산에 오르나 보다 싶었다.

그런데 한 시간쯤 산에 올랐을 때였다. 맑은 하늘이 갑자기 시커멓게 흐려지는가 싶더니 비가 뚝뚝 내리기 시작하는 것이 아닌가!

"뭐야, 오늘 비 온다고 했어?"

혜성이의 물음에 모두 고개를 절레절레. 그러고 보니, 공부하느라 시험 보느라 바쁜 나머지 아무도 날씨를 살피지 않았던 것이다. 물론 코단도 마찬가지. 혜성이가 구름을 보며 말했다.

"쉽게 그칠 것 같지 않은데!"

정말 하늘 가득 먹구름이 덮인 것이, 그냥 지나가는 비는 아닌 것 같았다. 게다가 시간이 갈수록 점점 더 굵어지는 빗줄기. 결국 아이들은 비를 쫄쫄 맞고 올라갈 수밖에 없었다. 그렇게 20분쯤 오르니, 산장이 보였다.

"아유, 비가 이렇게 많이 오는데. 어서 들어오세요, 어서."

산장 주인 소도만이 반갑게 아이들을 맞았다.

아이들이 막 샤워를 하고 옷을 갈아입고 나왔을 때였다.

역시 비에 쫄딱 젖은 젊은 남자 둘이 잠시 후, 산장으로 들어왔다.

그중 한 사람은 멋진 등산복에 등산화, 지팡이까지 갖춘 모습을 보니 등산 좀 하는 사람인 듯했는데, 아이들이 막 인사를 건네려는 순간 그냥 휭 지나가 버리는 것이 아닌가. 괜히 무안해진 아이들. 그러자 남은 남자가 얼른 변명하듯 말했다.

"아, 미안. 친구가 기분이 좋지 않아서. 안녕? 난 박장훈이야. 반갑다."

박장훈과 나상진. 둘 다 사법 고시를 준비하는 고시생. 머리를 식히기 위해 가끔 산에 오른다고 했다.

여하튼 그렇게 해서 코단과 아이들, 그리고 산장 주인과 젊은 두 남자는 같이 산장에서 하룻밤을 보내게 되었다.

 이상한 두 남자

그런데 새벽녘, 요리는 문득 누군가 떠드는 소리에 잠을 깼다. 워낙 깊은 산중이다 보니 밖은 아직도 캄캄한데, 휴대 전화를 열어 시간을 보니 막 4시가 넘은 시간.

비가 그쳤는지 주위가 아주 조용해서 두 사람의 목소리가 더 크게 들렸다. 목소리로는 저녁때 온 박장훈과 나상진인 듯한데 다투는 느낌. 다 큰 어른들이 왜 저러나 생각하며 요리는 다시 깊은 잠에 빠져들었다.

그런데 얼마쯤 지났을까? 갑자기 번쩍 하더니, 우르릉 쾅쾅! 마치 하늘이 두 쪽 날 것만 같은 괴성에 다시 잠에서 깬 요리. 번개에 천둥까지 치며 또 비가 쏟아지기 시작한 것이다. 시끌시끌한 것을 보니, 남자아이들도 모두 일어난 모양이었다.

"무섭다!"

"나도. 산에서 들으니까 더 그런 것 같아."

다 큰 남자아이들이 무섭다 난리니 좀 우습기도 하지만, 장소가 장소인 만큼 조금 스산한 느낌이 드는 건 사실이었다.

그런데 다음 순간, 또 한 번 번쩍! 그리고 더 큰 소리로 우르릉 쾅쾅!

"엄마야!"

모두 달라붙어 소란을 떨자, 코단의 비웃음이 날아왔다.

"으이그! 천하의 CSI가 번개나 천둥 따위를 무서워하다니, 정말 우습군. 하하하."

머쓱해진 아이들. 그러나 무서운데 어떡하랴!

잠시 후, 사방이 조용해지고 빗소리만 들리기 시작하자, 요리가 말했다.

"요즘 번개 치는 날이 유난히 많네. 지난 수요일 밤에도 그랬잖아."

그러자 혜성이가 대답했다.

"맞아. 우리나라는 계절에 따라 각기 다른 기단이 영향을 주거든. 특히 7, 8월에는 따뜻하고 습한 북태평양 기단과 적도 기단으로 인해 소나기가 자주 내리고 태풍이 많이 발생하지."

"그게 번개랑 무슨 상관이 있어?"

달곰이가 물었다.

"번개는 보통 소나기구름에서 발생하거든. 많은 비를 내리는 소나기구름 안에는 작은 물방울이나 얼음 알갱이가 많이 들어 있는데, 이것들이 서로 부딪히면 전하를 띠게 돼. 이렇게 전하를 띤 구름 사이에서 전류가 흐르면서 번쩍 하고 불꽃이 일어나는데, 그게 번개야. 이런 현상은 가끔 구름과 땅 사이에서 나타나기도 하는데, 그걸 '벼락'이라고 해."

혜성이의 설명에 모두 고개를 끄덕였다. 그러자 코단이 말했다.

"아침부터 웬 강의? 얼른 씻기나 하시죠?"

시간을 보니 아직 아침 7시도 안 된 시간. 그래도 일어났으니 세수하고 밥 먹을 준비를 하는데, 갑자기 코단이 이상하다는 듯 말했다.

"박장훈 씨랑 나상진 씨가 없네."

그러고 보니 정말 두 사람이 없다. 그러자 소도만이 대답했다.

"새벽에 둘이 거대암 쪽으로 올라갔어요."

> **천둥이 치는 이유는?**
> 전기를 띤 구름이 가까이 오면 구름 사이에서 순간적으로 큰 전류가 흘러. 전기를 많이 띤 구름 사이에 이런 현상이 일어나면 한꺼번에 많은 열이 생기지. 이 열로 인해 밝은 빛이 나는 현상이 번개이고, 공기가 갑자기 팽창하면서 우르릉 쾅쾅 큰 소리가 나는 것이 천둥이야.

그러자 코단이 고개를 갸우뚱하며 말했다.

"그래요? 그런데 왜 박장훈 씨의 짐은 없고 나상진 씨 짐만 남아 있죠? 신분증에 지갑까지 그대로 남아 있던데!"

그건 또 언제 봤는지. 역시 명탐정의 눈썰미! 그런데 이상하긴 하다. 요리는 문득 4시쯤 둘이 다투는 듯한 소리를 들은 기억이 나 물었다.

"두 사람이 나간 게 몇 시쯤이었어요?"

"글쎄? 4시 30분쯤 됐나?"

그렇다면 그때 이후에 사라졌다는 말인데, 왜 나상진의 짐만 남았을까? 아무리 생각해도 둘 다 참 이상한 사람이라는 생각이 들었다.

하지만 뭐 별일 있겠나 싶어 모두는 아침밥을 먹고 다시 산에 오를 채비를 하였다. 그러나 한참을 기다려도 그치지 않는 비. 게다가 이제 비가 그친다고 해도 길이 미끄러워 정상까지 올라가는 것은 아무래도 무리.

"할 수 없다. 다음에 날씨 좋은 날에 다시 오자."

결국 아이들은 거대암까지는 올라가 보지도 못하고 다시 산을 내려오고 말았다. 하지만 괜찮지, 뭐. 생전 처음 산장에서 자 봤으니까.

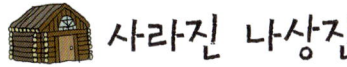 사라진 나상진

그런데 다음 날, 월요일 아침이었다. 막 수업을 들어가려고 하는데, 코단이 아이들을 불렀다. 돌아보니, 심각한 표정이었다.

"나상진이 사라졌어."

갑작스런 코단의 말에 모두 어리둥절했다.

"어제 짐 남기고 간 남자. 그 사람이 산장에 돌아오지 않았대."

아이들은 모두 별일 아니라고 생각했는데, 코단은 계속 마음에 담아 두고 있었던 것이다.

"오늘 아침에 산장에 전화를 해 봤더니, 역시 예상대로 돌아오지 않았더군. 조사해 봐야겠어."

코단의 말을 듣고 있던 혜성이는 소도만이 한 말이 생각났다.

"주인아저씨가 그랬잖아요. 새벽에 둘이 정상 쪽으로 올라갔다고."

"그래. 4시 30분쯤이었다고 했지. 그리고 나도 4시쯤 둘이 말하는 소

리를 들었어. 자세히는 못 들었는데 둘이 다투는 것 같았어."

요리의 말에 모두 귀가 쫑긋. 그러고 보니, 박장훈의 짐만 사라진 것이 다시 마음에 걸렸다. 코단은 잠시 생각에 잠기는 듯하더니, 아이들을 둘러보며 말했다.

"좋아, 그럼 너희가 좀 알아봐. 교장 선생님께는 내가 말씀 드릴게. 자, 그럼 수고!"

그러고는 휭~ 가 버리는 것이 아닌가. 결국 얼떨결에 사건을 맡게 된 아이들. 아이들은 나상진의 신원 파악을 시작했다.

나상진. 24세. 주소지는 서울시 사초동. 집에 전화를 해 보니, 예상대로 나상진의 집에서는 그가 고시원에 있는 줄 알고 있었다. 그래서 고시원 전화번호를 받아 전화를 해 보니 고시원에도 없다. 고시원 주인의 말로는 토요일 오후에 나가서 안 들어왔다는 것. 그래서 집에 간 줄 알았다고 한다. 혹시 박장훈에 대해서 아는지 물었더니 고시원 주인은 전혀 모른다고 대답했다.

"박장훈부터 찾아봐야겠다."

박장훈의 신원을 조회해 보니, 역시 24세. 주소지는 경상북도 울진. 그러나 주소지로 전화를 아무리 해도 연락이 되지 않았다. 혹시 나상진과 동창인가 싶어 나상진이 졸업했다는 대학에 알아보았지만 아니었다. 그렇다면 박장훈을 어떻게 찾는단 말인가.

"일단 고시원부터 가 보자. 뭔가 단서가 있을지도 모르잖아."

아이들은 곧바로 나상진이 공부한다는 고시원을 찾았다. 그리고 나상진의 방을 둘러보는데, 요리가 책상 앞의 시간표를 가리키며 말했다.
"이것 봐. 학원 시간표가 있어. 혹시 학원 친구가 아닐까?"
그럴 수도 있겠다. 그래서 아이들은 나상진이 다닌다는 고시 학원을 찾아갔다. 그리고 나상진이 수강한 과목의 신청자 중 '박장훈'이라는 이름이 있는지 물었다.
"박장훈이요? 네, 있는데요. 수업 듣고 있어요. 10분 후면 끝나요."
있다! 그것도 지금 바로 여기 학원에서 수업을 듣고 있다. 정말 어렵게 찾아낸 박장훈. 아이들은 드디어 박장훈을 다시 만날 수 있었다.

박장훈의 항변

수업을 마치고 나온 박장훈은 아이들을 보고 꽤 놀라는 표정.
"무슨 일로 나를?"
"나상진 씨가 사라졌어요."
혜성이의 말에 박장훈은 깜짝 놀라며 들고 있던 책까지 떨어뜨렸다.
"사라지다니? 상진이가 왜?"
"저희도 모르죠. 어제 일에 대해서 사실대로 말씀해 주세요. 새벽 4시 30분쯤 나상진 씨랑 같이 정상 쪽으로 올라가셨다고 하던데요?"
혜성이의 질문에 박장훈은 약간 더듬으며 대답했다.

"어, 그, 그래. 마, 맞아. 어제 새벽에 자고 있는데 상진이가 갑자기 깨웠어. 그러더니 비가 그쳤다면서 정상에 올라가자는 거야. 정상에서 일출을 보고 싶다고."

"정상에서 일출을 보고 싶다고요?"

"그, 그래. 내가 비가 그쳤어도 길이 많이 미끄러우니까 해 뜬 다음에 올라가자고 했더니, 극구 올라가겠다는 거야. 다른 사람들 깰까 봐 일단 따라 나갔지. 그런데 아무리 생각해도 무리인 것 같아 난 날 밝으면 가자고 하고, 상진이는 바로 가자고 하는 바람에 다퉜지."

요리가 들은 두 사람의 다투는 소리가 바로 그 소리였나 보다.

"그런데 상진이 고집이 보통이 아니거든. 할 수 없이 간단한 등산 장비만 챙겨서 올라갔는데, 30분쯤 지나니까 또 비가 내리기 시작하는 거야. 그래서 난 다시 내려가자고 했지. 그런데도 상진이는 계속 말을 안 듣는 거야. 여기까지 왔는데 정상에 올라가야 한다면서. 비는 점점 더 거세지는데 계속 고집을 피우니, 나도 더 이상은 못 참겠더라고. 그래서 가려면 너나 가라고 하고 난 그냥 내려와 버렸지."

"그럼 나상진 씨 혼자 올라갔다는 말이에요?"

"비가 많이 오니까 조금 더 올라가다 포기하고 내려오겠지 싶어 길에서서 좀 기다렸는데 안 내려오더라고."

"그런데 왜 산장에서 기다리지 않고 혼자 내려가셨어요?"

그러자 살짝 당황하는 표정의 박장훈.

"화, 홧김에 그랬지. 산장에 돌아와 보니까 5시 30분쯤 됐더라고. 날도 어느 정도 훤하고 비도 좀 그쳤기에 그냥 먼저 내려와 버렸지. 또 만나면 싸울 것 같아서."

진심인 것 같기도 하고 뭔가 감추고 있는 것 같기도 한 아리송한 표정의 박장훈. 아이들은 박장훈과 나상진의 관계에 대해 좀 더 자세히 알아봐야겠다는 생각이 들었다.

나상진을 찾다

"박장훈의 말이 사실이라면, 혹시 나상진이 혼자 산에 올라가다가 조난을 당한 게 아닐까?"

"그럴 수도 있지. 어떤 경우든 나상진이 산에서 조난을 당해 여태 안 나타나는 거라면, 헬리콥터라도 동원해 찾아봐야 하지 않을까?"

바로 그때였다. 코단에게서 전화가 왔다.

"나상진 찾았어. 혜성이랑 달곰이 내려와."

찾았다니? 어디서? 알고 보니, 아이들에게 박장훈에 대해 알아보라고 한 다음 코단은 곧장 노파라 산으로 갔던 것. 산악 구조대와 함께 헬리콥터를 동원해 나상진을 찾은 결과, 숨진 나상진을 발견한 것이다.

그래서 요리와 영재는 남아서 박장훈과 나상진의 관계에 대해 좀 더 알아보기로 하고 혜성이와 달곰이는 곧바로 노파라 산으로 갔다. 나상진의 시신은 경찰서로 옮겨져 부검에 들어간 상황. 혜성이가 물었다.

"나상진이 죽었는지 어떻게 아셨어요?"

그러자 코단은 천천히 고개를 저으며 대답했다.

"죽었는지 알지는 못했지. 그럴 가능성이 있다고 생각했을 뿐이야. 그나저나 죽었다는 것이 확인됐으니, 이제 왜 죽었는지 밝혀내야겠지."

시신이 발견된 곳은 정상인 거대암 동쪽, 연주암 방향. 절벽 아래로 50미터를 떨어져 나무 위에 걸린 채 발견됐다고 하니, 당연히 실족사 아닌가? 혜성이와 달곰이가 막 그런 생각을 하는데 코단이 말했다.

"시신이 발견된 곳을 보면 거대암에서 떨어진 것이 분명하고, 비도 왔으니 당연히 실족사라고 생각하겠지만 아닐 수도 있지 않겠어?"

아무리 명탐정이라고 하지만 꼭 남의 머릿속에 들어왔다 나가는 듯한 멘트. 혜성이와 달곰이는 머리가 삐쭉 서는 느낌이 들었다.

"아, 그리고 한 가지 더! 나상진의 손을 보니까 화상 흔적이 있더라고. 왜 그럴까?"

엥? 떨어진 사람이 화상이라니!

"그럼 잘 조사해 봐."

그러더니 또다시 홀연히 사라지는 코단. 왜 자꾸 없어지는지…….

여하튼 조사하라니 조사해 볼 수밖에. 혜성이와 달곰이는 일단 거대 암에 올라가 보기로 했다. 이미 오후 2시가 넘었으니, 해가 지기 전에 올라갔다 내려오려면 서둘러야 한다.

그런데 가는 도중에 막 산장 앞을 지날 때였다. 산장 주인 소도만이 아이들을 불렀다.

"지금 막 전화하려고 했는데, 잘 왔네. 이거 봐."

소도만이 내민 것은 등산용 지팡이. 알루미늄 합금으로 만들어진 꽤 튼튼해 보이는 지팡이였다.

"지팡이네요. 그런데 이게 왜요?"

"잘 봐. 이름이 씌어 있어."

소도만이 가리키는 부분을 보니, 정말 이름이 씌어 있다. 나상진. 가만, 그렇다면 이건 나상진의 지팡이!

"이거 어디서 났어요?"

"아까 시신 수습해서 보내고 내려오는데 떨어져 있더라고. 그래서 봤더니, 이름이 씌어 있는 거야. 추락하면서 떨어뜨린 것 같아."

나상진이 마지막으로 가지고 있던 물건. 혜성이와 달곰이는 괜히 이상한 느낌이 들었다.

수상한 박장훈

한편, 요리와 영재는 나상진과 가장 친했다는 동창 어형만을 만나 박장훈에 대해 아는지 물었다. 그러자 어형만은 대뜸 이렇게 말했다.

"박장훈이라는 사람, 좀 이상해. 상진이랑 같이 다니는 걸 몇 번 봤어. 착한 것 같긴 한데 상진이한테 자꾸 돈을 빌리더라고."

"돈을 빌렸다고요?"

"상진이네가 좀 잘살거든. 내 생각엔 일부러 상진이한테 접근한 것 같아. 처음엔 만 원, 2만 원씩 빌리더니, 10만 원, 20만 원, 액수가 자꾸 커지더라고. 상진이가 돈이 없을 땐 신용 카드로 현금 서비스까지 받아 주기도 했어. 최근에는 400만 원이나 빌려 달라고 했대."

400만 원? 그 큰돈을 왜?

"상진이가 고집 세고, 화도 잘 내고, 징징거리긴 해도 맘이 약하거든. 처음엔 집에서 용돈이 안 와서 그렇다고 용돈이 입금되면 갚겠다고 하더니, 점차 액수가 커졌어. 그러더니 며칠 전에는 형이 사고를 쳐서 합의금이 필요하다면서 400만 원이나 빌려 달라고 했다는 거야. 집이 좀 어려운 데다 형이 시도 때도 없이 사고를 치고 다니는 것 같더라고."

"그래서 빌려 줬나요?"

"내가 절대 빌려 주지 말라고 했지. 못 받는다고. 그래서 안 빌려 줬어."

그때였다. 코단이 다시 전화를 했다.

"산장에서 나상진이 두고 간 물건들을 받았는데, 지갑에 신용 카드가 없더라고. 혹시 나상진 명의의 신용 카드가 있는지 알아보고, 어제와 오늘 중에 사용된 내역이 있는지도 알아봐."

가만, 나상진이 박장훈에게 현금 서비스를 받아 돈을 빌려 줬다고 했으니, 당연히 신용 카드가 있었겠지! 영재와 요리가 얼른 조회해 보니, 정말 있다. 그것도 두 개나. 둘은 카드 회사로 전화를 해서 어제와 오늘 중에 사용된 카드 내역을 확인해 보았다.

그랬더니, 있다. 그것도 어제 오전 10시. 서울의 한 현금 지급기에서 현금 서비스를 받은 것. 각각 200만 원씩, 모두 400만 원. 어제 오전 10시라면 얼추 박장훈이 산에서 내려와 서울에 도착했을 시간이다. 순간, 영재는 퍼뜩 생각나는 것이 있었다.

"맞다! 현금 지급기에 CCTV 있잖아. 그거 찾아보면 나오지 않을까?"

그렇다! 요리와 영재는 곧바로 그 현금 지급기가 있는 곳을 찾아내 CCTV 데이터를 확보했다. 그리고 데이터를 보니, 있다. 박장훈이다!

그렇다면 돈이 필요했던 박장훈은 나상진이 돈을 빌려 주지 않자, 나상진을 산으로 유인하여 정상에서 떨어뜨려 살해한 후 신용 카드를 훔쳐 달아난 것이 아닐까? 결국 박장훈은 나상진의 살해 용의자로 잡혀 왔고, 곧바로 어 형사가 심문을 시작했다.

"나상진 씨 지갑에서 신용 카드 훔친 거 맞죠?"

"네. 자, 잘못했어요. 형이 사고를 쳐서 합의금이 필요했어요. 그래서 그만⋯⋯. 잘못했어요. 정말 잘못했어요, 흑흑흑."

"그래서 나상진을 산으로 유인해서 실족사로 위장해 죽인 다음 신용 카드를 훔쳐 달아났나요?"

어 형사의 말에 박장훈은 깜짝 놀라며 되물었다.

"네? 실, 실족사요? 누가요? 상진이가요?"

"네. 나상진 씨가 거대암에서 떨어져 숨진 채로 발견됐습니다. 그래도 모른다고 할 건가요?"

순간, 아무 말도 못하는 박장훈. 표정을 보니, 진짜 나상진이 죽었는지 몰랐던 것 같기도 한데, 도무지 속을 알 수가 없다.

"왜요? 왜 떨어졌대요? 상진이가 왜요? 상진아! 상진아!"

그러면서 목 놓아 우는 박장훈. 그렇게 한참을 울고 나더니, 그제야 정신이 든 듯 박장훈은 자신의 범행을 부인하기 시작했다.

"신용 카드를 훔친 건 사실이지만 상진이를 죽이진 않았어요. 그날 상진이랑 싸우고 먼저 내려와 산장에서 다시 자려는데 상진이의 가방이 눈에 띄었어요. 그래서 급한 마음에 나도 모르게 그만……."

나상진의 신용 카드를 훔쳐 형의 사고 합의금을 마련해야겠다고 생각한 박장훈은 곧바로 나상진의 신용 카드를 가지고 산을 내려왔다. 그리고 부리나케 서울로 돌아와 400만 원을 찾았다는 것. 신용 카드의 비밀번호는 예전에 나상진이 카드를 쓸 때 본 기억이 났다는데.

하지만 이제까지의 상황을 보면, 박장훈은 나상진과 함께 나갔고 먼저 산을 내려갔다. 그리고 나상진의 신용 카드로 돈을 찾았으며 나상진은 죽었다. 그러니 지금 상황에선 박장훈이 가장 유력한 살해 용의자.

가만히 박장훈의 이야기를 듣던 요리는 좀 이상하다는 생각이 들었다. 산장에서 정상까지는 최소 1시간 30분 정도가 걸린다. 두 사람이 정상으로 올라가는 것을 소도만이 본 시간이 4시 30분. 그러니 정상에 도착했을 시간은 6시쯤이고 다시 산장까지 내려오려면 7시 30분. 아이들이 깬 시간이 6시 30분쯤이었는데, 그때 이미 박장훈의 짐은 없었다.

그렇다면 이는 산에 오르기 전 박장훈이 나상진의 지갑에서 신용 카드를 훔친 다음 자신의 짐을 가지고 출발해야 가능한 일. 그런데 소도만이 말한 바로는 두 사람이 짐을 챙겨서 올라갔다는 이야기가 없었다. 이는 시간상 맞지 않는다. 과연 무엇이 진실일까?

진짜 범인은?

혜성이와 달곰이는 3시간에 걸친 산행으로 온몸이 땀으로 범벅이되어 정상인 거대암에 도착했다. 둘은 나상진의 시신이 발견된 곳을 찾았다.

"동쪽 연주암 쪽이니까 이쪽 맞네."

그런데 그가 떨어졌을 위치에 서 보니, 생각보다 꽤 안전한 곳이었다. 내린 비로 인해 미끄러지지 않았을까 생각했는데, 오히려 바위가 오목하게 들어가 있어서 전혀 위험해 보이지 않았다.

그때였다. 주위를 살피던 달곰이가 소리를 질렀다.

"어떡해! 큰일 났어!"

혜성이가 놀라 쳐다보니, 소나무 한 그루가 두 동강이 난 채로 타 들어가 있었다.

"벼락 맞았나 봐."

어제 새벽, 번쩍번쩍 요란하게 내리친 벼락에 맞은 모양이었다. 그때였다. 혜성이의 머리에 떠오르는 말이 있었으니, 코단의 말.

'나상진의 손을 보니까 화상 흔적이 있더라고.'

"달곰아, 혹시 나상진, 벼락 맞아 떨어진 게 아닐까?"

갑작스런 혜성이의 말에 달곰이가 황당한 듯 되물었다.

"뭐? 벼락?"

"그래. 어제 천둥 번개 친 시간이 아침 6시 30분쯤이었지?"

"어. 그래서 우리 모두 깼잖아."

"그럼 나상진이랑 박장훈이 산장을 나선 시간은 새벽 4시 30분. 산장에서 거대암까지 대충 1시간 30분 정도 걸리니까, 나상진이 거대암에 도착한 시간이 얼추 6시쯤 되지 않았을까?"

"그래! 그랬겠다."

"그렇다면 생각해 봐. 아까 코단 선배가 나상진의 손에 화상 흔적이 있다고 했잖아. 이 소나무도 봐. 벼락을 맞아서 완전히 타 버렸잖아. 그러니까 혹시 나상진이 거대암에 있을 때 벼락이 친 것이 아닐까?

번개 치고 나서 우르릉 쾅쾅!

번개 치고 천둥 치는 날에는 항상 번개 먼저 치고 나서 천둥이 치는 것을 볼 수 있어. 왜 그럴까? 그건 빛과 소리의 속도 차이 때문이야. 빛은 1초에 약 30만km나 갈 수 있지만, 소리는 1초에 약 340m밖에 가지 못해. 그래서 빛인 번개는 순간적으로 우리 눈에 보이지만, 소리인 천둥은 조금 지나서 들리게 되지.

그걸 나무 밑에 있던 나상진이 맞은 거지. 벼락은 주위보다 높은 곳에 떨어지기 때문에 벼락 칠 때 나무 밑에 있는 건 위험하거든."

그러자 또 다른 의문을 제기하는 달곰이.

"좋아. 그런데 이상하지 않아? 벼락 맞은 나무는 절벽 쪽에서 10미터 이상 떨어져 있어. 만약 나무가 벼락을 맞을 때 나상진도 벼락을 맞았다면 그 자리에서 쓰러지지 않았을까? 어떻게 10미터나 굴러가 절벽으로 떨어질 수 있지? 그리고 나무가 이렇게 두 동강이 나고 완전히 타 버렸는데, 나상진은 겨우 손에 화상을 입은 정도라잖아."

그것도 일리 있는 말이다. 만약 나상진이 나무 밑에 있다가 벼락을 맞았다면, 분명히 그 자리에서 큰 화상을 입고 사망했을 확률이 높다.

그렇다면 어떻게 된 일일까? 이때 혜성이는 자신의 손에 들려 있는 지팡이가 눈에 들어왔다. 나상진의 지팡이. 가만, 나상진이 이 지팡이를 들고 저기 절벽 끝에 서 있었다면? 그런데 지팡이를 무심코 보던 혜성이는 깜짝 놀랐다. 지팡이의 끝이 살짝 녹아 있는 것이 아닌가!

"그래! 바로 그거야!"

"뭐? 뭔데?"

혜성이가 갑자기 소리를 지르자, 달곰이가 깜짝 놀라며 물었다.

"한번 생각해 봐. 나무는 여기 있고, 나상진은 이 금속으로 된 지팡이를 짚고 저기 절벽 끝에 서 있었어. 그런데 봐. 저기까지 바위가 옴폭 파여 있잖아. 비가 많이 내렸으니까 분명히 여기에는 물이 고였겠지.

그런데 갑자기 벼락이 나무를 내리친 거야. 그리고 나무에 흐른 전류가 고인 빗물을 통해 나상진이 들고 있던 지팡이까지 그대로 전달된 거지. 그러니 나상진은 감전되면서 손에 화상을 입음과 동시에 순간적인 충격으로 의식을 잃고 절벽 아래로 떨어진 거지. 봐, 지팡이 끝이 녹아 있잖아. 순간적으로 전류가 흐르면서 그 열에 녹은 거야."
"그래! 맞다! 말 된다!"
달곰이가 맞장구를 쳤다. 그렇다면 범인은 박장훈이 아닌 벼락?

코단의 시험

서둘러 서울로 올라온 혜성이와 달곰이가 나상진의 죽음이 벼락 때문일 거라고 말하자, 박장훈을 의심하기는 했지만 시간이 맞지 않아 고민하던 요리와 영재도 그럴 수 있다는 생각이 들었다. 영재가 말했다.
"그럼 부검 결과를 보면 확실히 알 수 있겠네."
그런데 바로 그때였다.
"부검 결과 나왔다."
아이들이 돌아보니, 코단 선배.
"온몸에 추락에 의한 골절상이 있지만 손바닥에 화상이 있고 직접 사인은 쇼크로 인한 호흡 정지. 즉, 벼락에 의한 감전사로 밝혀졌어."
결국 나상진은 벼락을 맞아 숨진 것으로 밝혀졌고, 박장훈은 절도 혐의로 불구속 입건되는 것으로 사건이 마무리되었다. 그런데 생각해 보니, 어째 코단은 다 알고 있었던 것 같은데! 눈치 빠른 요리가 물었다.

"언제부터 알고 있었어요, 나상진이 벼락 때문에 사망했다는 거?"

"손에 난 화상 보고."

"그런데 왜 조사하라고 시켰어요?"

혜성이가 불만을 터뜨리자, 착한 달곰이까지 합세를 했다.

"맞아요. 산에 올라가느라고 얼마나 힘들었는데요!"

"우리는 박장훈 조사하느라고 힘들었어요."

요리와 영재까지 볼멘소리를 하자, 코단이 대답했다.

"그거야, 수행 평가니까."

뭐? 수행 평가? 이럴 수가! 숙제를 엄청 많이 내 준 것도 모자라 이젠 얘기도 안 하고 수행 평가까지! 결국 사망 원인을 알고 있었던 코단은 아이들을 시험하기 위해 손에 화상이 있다는 둥, 신용 카드가 없어졌다는 둥 하면서 자꾸 아이들에게 단서를 던졌던 것이다.

그나저나 엉겁결에 시험을 치르고 나니, 이제 걱정되는 건 점수.

"그래서 몇 점인데요?"

모두 동시에 물었다. 그러자 코단의 대답은?

"비밀!"

간단하게 대답하고 또 사라지는 코단. 뭐? 비밀? 갑자기 코단의 수업을 듣는다고 좋아했던 것이 살짝 후회가 되는 아이들. 너무 속 보이나?

혜성이가 들려주는
사건 해결의 열쇠

번개 치고 비까지 내린 새벽, 산장에서 만난 사람의 갑작스런 실종과 죽음. 그의 사망 원인을 밝혀낸 것은 바로 번개에 대해 잘 알았기 때문이야.

💡 번개란?

번쩍 하는 빛과 함께 우르릉 쾅쾅! 그리고 엄청나게 쏟아지는 빗줄기. 이런 날이면 꼭 하늘이 두 쪽 날 것 같은 느낌에 이불 속에 꼭꼭 숨게 되지. 그런데 하늘에서 왜 이런 현상이 일어나는 걸까?

번개는 하늘에서 번쩍이는 어마어마하게 큰 전깃불이라고 생각하면 돼. 비구름 안에 있는 물방울과 작은 얼음 알갱이들은 서로 부딪치면서 마찰에 의해 정전기를 띠게 돼. 이때 알갱이의 종류에 따라 (+)전하를 띠기도 하고 (−)전하를 띠기도 하는데, 무거운 알갱이는 아래로 내려가고 가벼운 알갱이는 위로 올라가면서 (+)전하를 띤 부분과 (−)전하를 띤 부분이 생기게 돼.

만약 (+)전하와 (−)전하 사이에 끌어당기는 힘이 지나치게 커지면, 그 사이에 있는 공기를 통해 전기가 흐르는 현상(방전)이 발생하는데, 이때 나

〈번개의 발생〉

오는 빛이 바로 '번개'야.

　그렇다면 번개의 위력은 어느 정도나 될까? 번개가 한 번 칠 때의 전압은 보통 1억 V(볼트)에 이른다고 해. 우리가 보통 집에서 쓰는 전압이 220V이니까 엄청나지? 또, 번개가 치는 순간에 흐르는 전류는 2만 A(암페어)에 이르지. 게다가 그때 주위 공기의 온도는 태양 표면 온도(5,500℃)의 5배가 넘는 3만 ℃나 된다고 하니, 번개의 위력, 정말 대단하지?

벼락이란?

　번개는 가끔 구름과 구름 사이뿐 아니라 구름과 땅 사이에서도 나타나는데, 이것이 바로 '벼락'이야. 즉, 땅으로 떨어지는 번개를 벼락이라고 하지.

　전기를 띤 구름이 지표 가까이 오면 지표면이나 나무 등의 물질도 전기를 띠게 돼. 그러면 구름과 지표 사이에도 순간적으로 큰 전류가 흐르지. 이것이 벼락이야. 그런데 전기는 뾰족한 곳에 더 많이 몰리는 성질이 있기 때문에 산 정상이나 나무 등에 잘 떨어지지.

　이렇게 벼락이 떨어지면 큰 전류가 흐르면서 순간적으로 엄청난 열이 발생하기 때문에, 금속이 녹기도 하고 나무가 부러지거나 타기도 하지. 또, 사람이 벼락을 맞으면 큰 화상을 입거나 쇼크로 인한 호흡 정지, 심장 정지 등이 일어나 생명을 위협받을 수도 있어.

　벼락을 피하는 가장 좋은 방법은 자신의 키를 주위보다 최대한 낮추는 거야. 또, 나무 밑에 있거나 평지를 걷는 것은 위험해. 골프 클럽이나 우산처럼 막대 모양의 물건을 가지고 있는 것도 위험하지. 여러 명이 무리 지어 있지 말고, 빗물 웅덩이 주변도 피하는 게 좋아. 물을 따라 전기가 흐를 수 있으니까.

그렇다면 자동차 안은 어떨까? 자동차 안은 안전해. 벼락이 자동차에 내리치면 차 표면을 따라 전류가 땅으로 흘러 들어가거든.

- 나무를 피해 몸을 웅크린다.
- 막대 모양의 물건은 버린다.
- 자동차 안에 있는다.

〈벼락을 피하는 방법〉

💡 우리나라의 번개

번개나 벼락은 보통 여름에 소나기구름에서 많이 발생해. 비를 많이 내리는 소나기구름 안에는 물방울이나 얼음 알갱이가 많아서 이들이 부딪치면서 쉽게 전하를 띠기 때문이지.

우리나라는 계절마다 날씨에 영향을 미치는 기단(공기 덩어리)이 달라. 겨울에는 차고 건조한 시베리아 기단, 봄과 가을에는 덥고 건조한 양쯔 강 기단이 영향을 줘. 그리고 여름에는 덥고 습한 북태평양 기단, 북태평양 기단과 만나 장마를 일으키는 차고 습한 오호츠크 해 기단, 태풍과 함께 올라와서 많은 비를 내리는 적도 기단 등이 영향을 주지.

그래서 7, 8월이 되면 장마에 국지성 집중 호우, 많은 비를 동반한 태풍

등이 일어나. 그러니 당연히 벼락이 칠 확률도 아주 높아지지. 우리나라에는 지난 4년 동안 평균 113만여 회의 벼락이 내리쳤고, 이 가운데 63%가 소나기나 집중 호우가 많은 7, 8월에 집중되었다고 해.

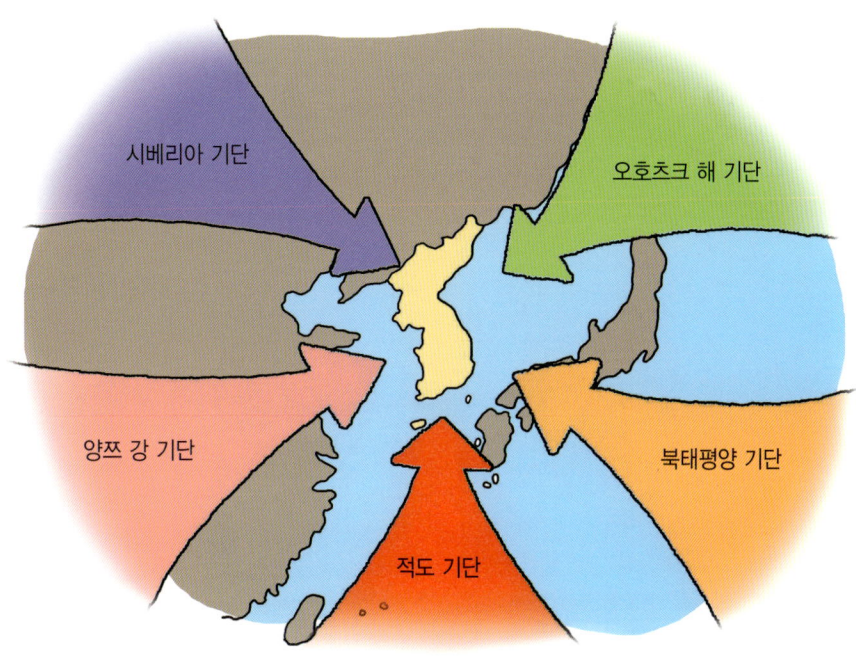

〈우리나라에 영향을 주는 기단〉

그러니까 생각해 봐. 비 오는 새벽, 혼자 산꼭대기에 올라간 나상진. 그런데 갑자기 벼락이 나무에 떨어지면서 나무에 흐른 전기가 바위에 고인 물을 통해 들고 있던 금속 지팡이로 흐르고, 그것이 나상진의 몸까지 전달된 거야. 결국 강한 전기 쇼크로 인한 호흡 정지로 사망한 거지. 어때, 이젠 알겠지?

■ 핵심 과학 원리 – 적외선과 자외선

사건 2

유서의 진실을 밝혀라!

최 회장은 2007년에 자필로 유서를 쓰고
변호사에게 공증까지 받아 놓았다고 하는데, 문제는 최 회장이 숨을 거두기 전에
유서와는 다른 내용의 유언을 남겼다는 것이다.

황최건운 할아버지의 부탁

"공부하느라 힘들 텐데 너희한테 부탁 좀 하려고 왔다."

점심시간, 갑자기 교장실에서 부른다는 말에 가 보니, 남우의 할아버지인 소재훈 회장이 와 있었다. 천하의 소 회장이 무슨 부탁일까?

"얼마 전, 내 친구가 저승에 갔거든. 급성 폐암으로 갑작스럽게. 자연건설의 최건운 회장이라고, 나랑은 20년이 넘은 친구지. 그런데 장례를 치르고 나서 황당한 사건이 터진 거야."

가만, 자연건설 최건운 회장? 혜성이는 신문에 실린 기사가 생각났다. '자연건설'이라면 우리나라 건설 회사 중에서 10위 안에 드는 회사로, 요즘 대부분의 회사가 돈 좀 된다 싶으면 본래 사업 분야 외에 유통이다 엔터테인먼트다 해서 문어발식으로 확장하는 것과는 달리 20년이 넘도록 오로지 한길, 건설업만을 고집해 온 회사라는 내용이 인상적이었다.

"그 친구한테 아들 둘이 있어. 장남이 최한식, 차남이 최두식. 그런데 그 둘 사이에 경영권 분쟁이 일어난 거야."

최 회장은 2007년에 자필로 유서를 쓰고 변호사에게 공증까지 받아 놓았다고 하는데, 문제는 최 회장이 숨을 거두기 전에 유서와는 다른 내용의 유언을 남겼다는 것이다.

"장례가 끝나고 변호사가 공개한 최 회장의 유서를 보니, 자신이 가진 회사 지분을 모두 최한식에게 넘겨 회사의 경영권을 최한식이 갖도록 하라는 내용이었지. 그러자 최두식이 펄쩍 뛰고 나선 거야. 아버지가 돌아가시기 전에 자신에게 경영권을 물려주겠다고 유언하셨다면서."
그러자 혜성이가 물었다.
"그럼 그냥 말로 한 유언보다 글로 써서 공증까지 받은 유서가 법적으로 효력이 있는 것 아니에요?"
역시 박학다식 나혜성. 그러자 소 회장이 고개를 끄덕이며 말했다.
"그래, 잘 알고 있구나. 그런데 그게 그렇게 쉬운 문제가 아니야. 두식이뿐 아니라 자연건설 사람들이라면 대부분 최두식 사장이 최 회장의 뒤를 이을 것이라고 생각했거든. 솔직히 나도 그랬지. 최 회장이 가끔 술 마시면 그랬어. 한식이한테는 미안하지만 두식이 줘야겠다고."

그러자 이제껏 가만히 듣고 있던 박 교장이 물었다.

"만약 최두식 사장의 말이 사실이라면, 좀 이해가 안 가는 부분이 있군요. 솔직히 아직까지 우리 사회에서는 장남이 가업을 잇는 것이 당연하다는 생각이 많지 않습니까? 그런데 특별히 차남에게 경영권을 물려주겠다고 결심했다면 특별한 이유가 있을 것 같은데요."

"그렇겠죠. 그런데 그 이유까지는 잘 모르겠습니다. 2년 전에 한식이하고 뭔가 큰일로 틀어진 것 같긴 한데, 이유는 말하지 않았어요. 여하튼 그 사건으로 그때 사장 자리에 있던 한식이가 물러나고 두식이가 그 자리에 앉았죠. 그리고 나서 두식이가 아버지의 뜻을 물려받으며 열심히 일했고, 그러니 두식이에게 물려주겠다고 하지 않았을까요?"

그러니까 최 회장이 죽기 전에는 차남 최두식에게 경영권을 물려주겠다고 하고는 실제 유서에는 장남 최한식에게 경영권을 물려주겠다고 써 놓았다는 것. 그래서 결국 형제 간의 경영권 다툼이 벌어졌다는 말인데, 과연 누구의 말이 진실일까? 그걸 밝혀내야 한다.

최두식의 주장

그렇다면 일단 최두식부터 만나 보는 것이 순서일 듯. 아이들은 수업이 끝나자마자 어 형사와 함께 최두식을 만났다. 42세의 젊은 나이에 큰 기업을 책임지고 있는 사장이라는 느낌이 들지 않을 정도로 최두식은 꽤 편안한 인상이었다.

"돌아가시기 며칠 전부터 계속 정신을 잃으셨다 차리셨다 했어요. 그런데 돌아가시기 하루 전이었어요. 마침 저 혼자 병실을 지키고 있는데, 아버지가 갑자기 정신이 드셨는지 손짓을 하시더라고요. 가까이 오라고. 그러시더니 힘겹게 말씀하셨어요. 회사는 네가 맡아서 해라. 유서로 남겼으니 그대로 해라. 그리고 형한테는 더 잘해라."

최두식은 그때의 일이 다시 생각나는지 잠시 말을 잇지 못했다. 회사를 맡아서 하라는 말은 곧 경영권을 물려주겠다는 말. 그리고 유서로 남겼다고 했으니, 유서에 그 내용이 있다는 말이 아닌가.

문제는 유서에는 전혀 다른 내용이 있었다는 것. 그 당시 병실 안에는 최 회장과 최두식, 딱 두 사람뿐이어서 두 사람의 대화를 증명할 증거가 없다. 게다가 판례에 따르면, 평소에 누구에게 재산을 물려주겠다고 알려 왔더라도 그것이 자필 유서나 녹음, 공증된 유서 등 법적 효력을 지니는 방식으로 남아 있지 않으면 효력이 없다. 요리가 물었다.

"2년 전에 사건이 있었다고 하던데요? 그 사건 이후에 사장님께서 회사를 맡으신 거라고."

그러자 최두식은 머뭇거리며 대답했다.

"있었지. 그때 형이 사장이었고 난 상무였는데, 형이 좀 큰일을 저질렀어. 아버지 몰래 이중 장부를 만들고 비자금을 만들었거든. 그리고 그 비자금으로 몰래 경쟁사인 세운건설의 주식을 사들였지."

"세운건설이라면 한때 부도설이 나돈 회사, 맞죠?"

어 형사가 물었다.

"맞아요. 그때 세운건설은 무리한 해외 투자로 부도 위기에 처해 있었죠. 형은 그 기회를 이용해 세운건설을 합병하고 싶어 했어요. 물론 회사를 더 키우려는 욕심 때문이었죠. 하지만 형의 계획이 실현되기 직전에 아버지가 그걸 아셨어요. 세운건설은 아버지 초등학교 동창이 운영하시는 회사였거든요. 그리고 아버지는 항상 말씀하셨죠. '옳지 않은 길로는 발도 내밀지 마라.' 그러니 그 성품에 아무리 형이 회사를 키울 욕심에 그랬다고 해도 화가 많이 나셨어요. 노발대발하시면서 다 원래대로 되돌려 놓으라고 하셨죠."

이유야 어떻든 이중 장부를 만들고 비자금을 만든 것은 엄연한 불법 행위. 그 결과, 최한식은 사장 자리에서 물러나 사우디아라비아 지사장으로 가게 되었다고 한다.

"아무리 큰 잘못을 저질렀어도 아버지의 입장에서 자식을 신고할 수는 없으셨겠죠. 그래서 어떻게든 외부에 알리지 않고 일을 처리하시고, 그 대신 형에게 경영권을 포기하라고 하셨어요. 그리고 저한테 회사를 맡기셨죠. 넌 내 뜻을 잘 이해하고 있으니 잘 해내리라 믿는다고 하시면서. 그리고 사건을 마무리하면서 유서도 고쳤다고 하셨어요."

"혹시 유서를 직접 보진 않으셨나요?"

이번에는 영재가 물었다. 최두식은 천천히 고개를 끄덕였다.

"직접 보진 못했어. 그때 수정했다고 하시기에 당연히 나에게 경영권을 물려주시겠다는 내용일 거라고 생각했지. 그런데 이번에 보니까 아닌 거야. 허튼 말씀하실 분이 아닌데, 정말 이해가 안 가."

이제 할 일은 유서 작성에 직접 참여하고 공증했다는 회사 고문 변호사를 만나는 것. 2년 전 수정되어 이번에 공개한 유서를 직접 보아야 한다. 그렇게 이상한 유서 사건에 대한 본격적인 수사가 시작되었다.

수정된 유서

회사 고문 변호사는 어 형사가 만나기로 했다. 이름은 우수한.

지난 10년간 자연건설의 고문 변호사로 일해 온 그에 대한 주변의 평가는 최 회장이 특히 믿고 아끼던 사람이라는 것. 어 형사가 찾아온 용건을 말하자, 우수한은 조금 황당해 했다.

"이런! 최 사장이 일을 너무 크게 벌이는군요. 경찰까지 끌어들이다니."

"정식으로 의뢰한 사건은 아닙니다. 하지만 얘기를 듣고 보니, 일단 조사가 필요하다는 생각은 들더군요. 협조 좀 부탁드립니다."

"아, 물론 협조해 드려야죠."

"감사합니다. 일단 최 회장님이 남기셨다는 유서를 볼 수 있을까요?"

우수한은 흔쾌히 유서를 보여 주었다. 최 회장이 직접 쓴 유서.

유 서

내가 죽으면 내가 평생을 바쳐 키운 자연건설은 '최한식'에게 그 경영권을 물려줄 것이고, 이를 위해 내가 가진 회사 주식을 모두 최한식에게 남긴다. 그 외 다른 재산의 분배는 법정 대리인에게 위임한다.

법정 대리인 : 변호사 우수한

2007년 8월 20일

최 건 운

사인에 도장까지 번듯하게 찍혀 있고, 법정 대리인으로는 변호사 우수한을 지정하여 공증까지 받은 완벽한 유서였다. 그리고 분명히 최두식이 아닌 '최한식'에게 회사 경영권을 물려준다고 씌어 있다.

"이 유서는 수정된 것이라고 하던데, 그 전에 쓴 유서는 언제, 어떤 내용으로 작성되었나요?"

"그건 2001년에 씌어진 것이었습니다. 내용은 말씀 드리기가 좀 곤란합니다. 회장님께서 비밀로 해 달라고 하셔서. 물론 유서를 수정하면서 이전 것은 폐기해 버렸고요."

"그것도 자필로 쓴 유서였습니까?"

"그렇습니다. 둘 다 회장님께서 써 오신 것을 제가 공증한 것입니다."

"그런데 왜 돌아가시기 전날 남기신 유언에는 최두식 사장에게 회사를 맡기겠다고 하신 걸까요?"

"저도 그게 정말 이상합니다. 그런데 그 부분에 대해서는 저도 아는 것이 없습니다. 제가 그 자리에 있지도 않았고요. 전 회장님의 법정 대리인으로서 회장님이 유서에 남기신 대로, 회장님의 뜻이 잘 이행되도록 하는 것이 제 의무라고 생각합니다."

맞는 말이다. 변호사로서 자기 임무에 충실하겠다는데 누가 말리랴!

"물론 그러시겠죠. 잘 알았습니다."

어 형사는 인사를 하고 일어났다. 그러다 문득 생각나는 듯 말했다.

"아, 죄송하지만 그 유서, 한 장만 복사해 주시겠습니까?"

어 형사는 유서의 복사본 한 장을 받아서 돌아왔다.

최한식의 주장

한편, 요리와 영재는 최 회장의 장남인 최한식을 만났다. 나이는 50세. 최두식과는 여덟 살이나 차이가 난다. 경찰이라는 말에 최한식은 기분 나쁜 표정이 역력했다. 최한식의 입장에서는 기분 나쁠 수도 있겠다 싶었다. 자신이 회사를 맡겠다고 나선 것도 아니고, 유서에 그렇게 씌어 있는 것을 확인하고도 경찰까지 동원해 자꾸 의심을 하니 말이다.

"집안 얘기라 이런 말까지 하긴 그렇지만, 두식이와 나는 어머니가 달라. 내가 다섯 살 때 어머니가 교통사고로 돌아가신 후 새로 들어오신 분이 지금의 어머니시지. 하지만 난 그동안 한 번도 내 어머니라고 생각하지 않은 적이 없었고, 두식이도 세상에서 하나밖에 없는 내 동생이라는 생각에 정말 끔찍하게 아꼈어. 그런데 참 돈이 무섭구나 하는 생각이 들더군. 아버지가 돌아가시고 나니, 결국 돈 때문에 형제고 뭐고 없게 되니 말이야. 결국 새어머니도 두식이 편만 드시고."

그러자 가만히 듣고 있던 요리가 물었다.

"2년 전 유서가 수정되었다고 하던데, 그 내용은 알고 계셨나요?"

"그건 몰랐어. 그때 내가 실수를 좀 하는 바람에 아버지가 화가 많이 나셨거든. 그래서 내가 책임지고 사장 자리에서 물러나겠다고 했지. 그리고 동생을 사장 자리에 앉히라고. 아버지는 한참을 고민하시더니, 그래도 동생은 아직 너무 어려서 안 된다고 믿을 수가 없다고 하시더라고. 용서해 줄 테니 이제

제대로 하라고. 하지만 난 그럴 수가 없었어. 물론 내 개인적인 욕심이 아니라 회사를 키워 보겠다는 일념으로 저지른 일이긴 하지만, 그래도 잘못한 것이니 죗값을 치르겠다고. 그리고 사우디아라비아 지사로 자진해서 나갔지. 그 후 동생이 사장 자리에 앉았고, 그래서 회사에 동생이 경영권을 맡게 될 거라는 소문이 돌았던 것 같더군."

이런! 어떻게 똑같은 사건을 가지고 이렇게 다르게 말할 수 있을까. 최한식에 따르면 최두식이 사장이 된 것과 사우디아라비아 지사장으로 나간 것이 죗값을 치르겠다는 자신의 뜻이었다는 것.

"그리고 내가 떠나던 날 아버지께서 그러시더군. 얼른 돌아와서 회사를 맡으라고. 그런데 내가 돌아오기도 전에 그만……."

그렇다면 그때에도 최한식에게 회사를 맡기겠다고 했다는 말?

"아버지 돌아가시고 겨우 정신을 차려 보니, 우 변호사가 아버지께서 남기신 유서를 보여 주더군. 그런데 아버지의 뜻을 무시하고 회사를 차지하고 싶은 욕심에 동생이 자꾸 문제를 일으키니, 정말 마음이 아파."

그러니까 최한식의 말을 정리해 보면, 최 회장은 유서에 씌어 있는 대로 원래 자신에게 회사를 물려주겠다고 했으며, 이번 경영권 분쟁은 최두식과 새어머니의 욕심에서 비롯된 것이고, 그로 인해 그동안 그들을 진심으로 믿고 의지해 왔던 자신은 많은 심적 고통을 받고 있다는 것.

그렇다면 도대체 누구란 말인가! 최 회장이 진짜 원했던 사람은?

새로운 증언

혜성이와 달곰이는 이 사건에 대한 좀 더 객관적인 의견을 알아보기 위해 최 회장의 비서실장인 홍중기를 만났다.

"유서에 대해서는 나도 잘 몰라. 직접 보진 못했으니까. 첫 번째 유서가 작성됐을 때에는 큰 사장님이 사장 자리에 있었으니까, 거기엔 아마 큰 사장님에게 경영권을 물려주겠다고 되어 있었겠지. 그 후 수정했다기에 작은 사장님한테 물려주기 위해서였을 거라고 생각했는데,

아니더라고. 솔직히 나도 공개된 유서 내용을 보고 깜짝 놀랐어."

그렇다면 홍중기 역시 최 회장이 최두식에게 경영권을 물려줄 것으로 믿고 있었다는 말.

"혹시 2년 전 일에 대해서는 아는 것 없으세요? 들어 보니 큰 사건이었던 것 같던데. 최한식 지사장 혼자 하진 않았을 것 아니에요. 관련된 다른 사람은 없었나요?"

혜성이의 질문에 홍중기는 잠시 망설이는 듯하더니 대답했다.

"있었지. 나랑 입사 동기였던 공치삼이라고, 경리부장이 있었지. 그때 사건이 외부에 알려질까 봐 회장님이 워낙 빨리 비밀리에 정리하시는 바람에 아는 사람이 거의 없었지만, 그때 큰 사장님을 도와 비밀 장부를 만들고 비자금을 만든 사람이 바로 공치삼 부장이었어."

"그럼 그분은 아직 회사에 계신가요?"

"아니. 그 일에 대해 책임지고 물러났지. 그 부분에 있어서는 큰 사장님에게 서운한 점이 많아. 공 부장이 출세욕이 많아서 그렇지, 그렇게 나쁜 사람은 아냐. 큰 사장님의 명령이니 어쩔 수 없이 따른 부분도 있고. 그런데 막상 일이 터지자 큰 사장님이 나 몰라라 한 거지."

결국 최한식은 위기가 닥치자 자신만 살아남고 자신의 부하를 버렸다는 말이었다. 혜성이와 달곰이는 곧바로 공치삼을 만났다. 그런데 공치삼은 대뜸 화부터 냈다.

"최한식이고 뭐고 생각도 하고 싶지 않으니, 그만 가거라."

하지만 여기서 물러날 아이들이 아니지. 최 회장의 사망 소식과 함께 두 형제가 유서로 인해 경영권 다툼을 하고 있다는 이야기를 하자, 공치삼은 한숨을 쉬더니 천천히 입을 열었다.

"휴! 그때는 내가 어리석었지. 일만 성공하면 상무 자리에 앉혀 주겠다는 말만 믿고 그런 짓을 했으니. 회장님이 어떻게 아셨는지 최한식을 부르시기 전에 나를 부르셨어. 그러고는 우리가 만든 비밀 장부를 보여 주시더니, 아무 말씀도 안 하시는 거야. 정말 죽을죄를 지었구나 하는 생각이 들더라고. 일 잘한다고 참 예뻐해 주셨는데. 그래서 죄송하다고 말씀 드리고 곧바로 사표를 내고 나왔지. 물론 내 의지이긴 했지만, 최한식은 나를 거들떠보지도 않더라. 자기 죄 덮는 데만 급급해서. 하기야 그건 우수한도 마찬가지였지."

"네? 우수한이요? 혹시 회사 고문 변호사라는?"

"그래, 맞아. 그 일을 최한식과 처음 계획한 사람이 바로 우수한이지. 변호사라 그런지 법망에 걸리지 않고 교묘히 빠져나가는 방법들을 잘 알고 있더라고. 그런데 그 사람 역시 사건이 터지자 자신은 전혀 무관한 듯 행동했어. 도대체 어떻게 감췄는지 회장님은 끝내 우수한이 그 일과 연관되어 있다는 것은 모르셨지."

이럴 수가! 2년 전 사건에 우수한이 깊이 관련되어 있었다니. 그렇다면 이번 일에도? 그러나 도대체 어떻게 관련되어 있단 말인가. 둘은 우수한과 최한식의 관계를 좀 더 자세히 알아봐야겠다는 생각이 들었다.

유서의 비밀

"그럼 결론은 하나네. 둘이 짜고 이 유서를 조작한 거지."

혜성이가 어 형사가 가져온 유서 복사본을 가리키며 의견을 말하자 요리도 동의했다.

"나도 그렇다고 생각해. 최두식 사장뿐만 아니라 홍중기 비서실장, 그리고 소 회장님도 최 회장이 최두식 사장에게 회사를 물려주려 했다고 믿고 있잖아. 그런데 그걸 완전히 뒤바꾼 건 바로 이 유서 한 장. 그러니까 결국 유서가 가짜라는 거지. 위조된 거라고."

그러자 영재가 진지한 표정으로 물었다.

"좋아. 일단 유서가 위조됐다고 하자. 그럼 이 유서의 어느 부분이 어떻게 위조됐을까?"

달곰이가 자신의 생각을 말했다.

유서의 진실을 밝혀라!

"사람들이 알고 있던 것과 전혀 다른 내용이 들어 있다면, 방법은 하나지. 최 회장의 글씨체를 그대로 흉내 내서 다시 쓴 거야."

"좋아, 그럼 필적 감정부터 해 보자."

영재의 말에 모두 다시 물었다.

"필적 감정?"

"응. 사람마다 고유한 필체가 있잖아. 그러니까 같은 사람이 쓴 다양한 필체에서 글씨가 꺾일 때의 각도, 글씨 쓰는 순서, 특정한 습관 등을 분석하면 위조된 글씨를 가려낼 수 있지. 같은 사람이 쓴 글씨에는 그 사람만의 독특한 '공통적인 습관'이 있으니까."

그러고 보니 이렇게 간단한 것을. 왜 처음부터 유서가 위조되었으리라는 생각을 못했는지…….

"그러려면 일단 최 회장이 쓴 다른 글씨들이 필요해."

영재의 말에 요리가 얼른 일어서며 말했다.

"그야 간단하지. 최두식 사장한테 부탁하면 되잖아. 내가 부탁할게."

잠시 후 최 회장이 자필로 쓴 문서 여러 장이 최두식의 비서를 통해 도착했다. 아이들은 졸린 눈을 비벼 가며 유서와 그 문서들의 필적을 비교해 보기 시작했다. 물론 국립 과학 수사 연구소에 의뢰하면 보다 전문적이고 빠르게 감식이 되겠지만, 아직 혐의가 확실하지 않고 정식으로 신고된 사건도 아니기에 그렇게 할 수는 없는 일.

그러나 역시 전문가가 아니라 그런지, 아무리 봐도 유서의 글씨는 다른 문서의 글씨와 똑같아 보였다. 시간은 어느덧 새벽 1시가 넘었다.

"할 수 없어. 오늘은 자고, 내일 아침에 교장 쌤에게 말씀 드려서 국과수에 부탁해 보자."

혜성이가 말했다. 그때였다. 갑자기 요리가 뭔가 발견한 듯 말했다.

"가만, 혹시 유서 전체가 아니라 일부만 고친 게 아닐까?"

"일부만 고친다고?"

"그래. 첫 번째 유서에는 최한식에게 경영권을 물려주겠다고 되어 있었고, 그걸 수정한 두 번째 유서에는 최두식에게 물려주겠다고 되어 있었다면, 자, 봐. 최두식의 '두' 자를 최한식의 '한'자로, 여기랑 여기, 두 군데만 고치면 되잖아."

정말 그렇다. 최한식이라는 글자가 두 번 나오는데, '최두식'에서 한 글자씩만 고치면 '최한식'으로 바꾸는 것.

"그런데 너무 멀쩡한데. 고친 흔적이 없잖아."

혜성이가 고개를 갸우뚱하며 말했다. 맞다. 혹시나 해서 뚫어져라 봤지만 글자를 고친 흔적은 찾아낼 수 없었다. 결국 아무것도 찾아내지 못한 아이들. 눈도 피곤하고, 몸도 피곤하고, 마음까지 무거운 상태로 잠자리에 들 수밖에 없었다.

다음 날 아침, 어제 워낙 늦게 잔 덕분에 온몸이 천근만근. 그 상태로 운동장 10바퀴 돌기를 하니, 아이들은 숨이 턱까지 차올랐다. 겨우겨우 10바퀴를 채우고는 모두 그대로 운동장 바닥에 쓰러지고 말았는데, 이른 아침부터 햇빛은 왜 이렇게 쨍쨍한지 눈을 뜰 수 없을 정도. 그때였다. 갑자기 영재가 벌떡 일어나며 소리쳤다.

"그래, 바로 그거야!"

"뭐? 뭔데?"

다른 아이들도 반사적으로 일어나며 물었다.

"햇빛 때문에 생각났는데, 자외선. 자외선을 이용하는 거야."

"자외선?"

다른 아이들이 물었다.

"그래. 요리 누나 말대로 만약 글자만 고쳤다면, 분명히 이전의 글자를 지우고 새로 썼다는 거잖아. 글자를 지운 흔적은 자외선을 이용하면 금방 알아낼 수 있어. 따라와 봐. 보여 줄게."

아이들은 영재를 따라 물리 실험실로 향했다. 영재는 빈 종이 위에 '최두식'이라고 쓰더니, 볼펜을 지우는 약품으로 '두'자를 정교하게 지웠다. 그리고 그 자리에 '한'자를 써 넣으니 전혀 알아보지 못할 정도.

영재는 그 글자 위에 자외선 감식기를 갖다 대었다. 그랬더니 이게 어찌된 일인가. 지운 흔적이 형광으로 나타나는 것이 아닌가!

"우아, 어떻게 된 거야?"

아이들이 놀라며 묻자, 영재가 설명했다.

"전자기파는 파장에 따라 전파, 마이크로파, 적외선, 가시광선, 자외선, 엑스선, 감마선으로 나뉘어. 그중에서 가시광선보다 파장이 짧은 전자기파를 '자외선'이라고 하는데, 물질과 화학적 반응을 잘 일으키기 때문에 '화학선'이라고도 불리지. 화학 약품으로 글자를 지우면 눈에 보이지 않더라도 그 자리에 조금이라도 화학 약품의 흔적이 남아 있게 마련이야. 그러니 그곳에 자외선을 쪼이면 자외선이 화학 약품과 반응을 일으켜 지워진 부분이 다시 선명하게 드러나게 돼."

"좋아! 그럼 일단 유서의 원본을 확보하는 게 우선일 것 같은데."

마이크로파로 음식을 데우는 전자레인지

'마이크로파'는 전기장의 방향이 1초에 10억 번에서 300억 번까지 바뀌는 전자기파를 말해. 전자레인지에 쓰이는 마이크로파는 전기장의 방향이 1초에 24억 5000만 번 바뀌는데, 이때 마이크로파가 물에 잘 흡수되지. 그래서 전자레인지를 작동시켜 마이크로파를 음식에 가하면 마이크로파의 전기장 방향에 따라 물 분자들이 빠르게 돌게 되는데, 이때 물 분자들이 충돌하면서 운동이 활발해져 음식이 데워지지.

돌아보니, 어 형사!

"우수한과 최한식이 고등학교 동창이더군. 대형 법률 사무소에서 변호사로 일하던 우수한을 회사 고문 변호사로 앉힌 것도 최한식이고."

둘의 관계가 의심스럽다는 아이들의 말에 어 형사가 조사한 것이다.

"그리고 또 있어. 오늘 오전 11시에 자연건설에서 임시 주주 총회가 열려. 안건은 최한식을 회장으로 추대하는 거라는데, 최근 최한식과 우수한이 대주주들을 만나서 최 회장의 유서를 보여 주며 로비를 했대. 회장님이 남기신 뜻이라면서."

그렇다면 이번 사건도 우수한과 최한식의 합작품일 가능성이 크다.

"그리고 마지막으로 한 가지 더. 최 회장이 사망하고 우수한 변호사가 유서를 공개한 다음 날, 최한식이 자신이 가지고 있던 회사 지분의 50%를 우수한 변호사한테 넘겼더군."

그럼 더욱 더 확실하다! 돈까지 오간 것을 보면. 그렇다면 이제 유서 원본을 확보해 위조를 확인하는 일만 남았다.

진실을 밝히다

어 형사와 아이들은 곧바로 우수한과 최한식을 만나러 자연건설로 갔다. 우수한이 기분 나쁜 표정으로 물었다.

"아직도 조사할 것이 더 남아 있습니까?"

"네. 일단 유서 원본을 봤으면 합니다."

"그거야 뭐. 보여 드리죠."

우수한이 유서를 꺼내 놓자, 어 형사가 영재에게 눈짓을 했다. 영재는 자외선 감식기를 꺼냈다.

"이건 자외선 감식기입니다. 자외선은 물질과 화학적인 반응을 잘 일으키기 때문에 화학 약품으로 글자를 지운 경우 그 흔적이 그대로 드러나게 되죠."

순간, 우수한과 최한식의 표정이 살짝 굳어졌다. 영재는 자외선으로 '최한식'이라고 씌어진 부분을 비추었다. 그런데 이게 어찌 된 일인가! 예상대로라면 '한'자 밑에 글자를 지운 흔적이 있어야 하는데, 없다. 전혀 없다. 아이들도, 어 형사도 모두 당황했다. 그와 반대로 안도하는 표정의 우수한과 최한식. 우수한이 코웃음을 치듯 말했다.

"허 참, 지금 뭐 하는 겁니까?"

전혀 예상치 못한 결과다. 아무래도 유서를 직접 볼 수 없었기에 가설만 가지고 섣불리 달려든 것이 실수였다.

"더 이상 하실 말씀 없으시면 이제 나가 주시죠. 오늘 임시 주주 총회가 있어서 바쁘거든요."

결국 아무 말도 못하고 쫓겨 나오고 말았으니, 이 무슨 창피란 말인가! 특히 영재는 쥐구멍에라도 들어가고 싶은 심정이었다. 괜히 자기 때문에 다른 아이들은 물론 어 형사까지 창피를 당했으니 말이다. 그나저

나 전체를 위조한 것도 아니고 이름을 고친 것도 아니라면, 도대체 무엇을 어떻게 했단 말인가?

영재는 돌아오는 내내 유서 복사본을 뚫어지게 쳐다보았다. 잔뜩 열이 받아 그런지 뜨거운 영재의 눈빛에 금세라도 타 들어갈 것 같은 종이. 바로 그때였다. 영재의 눈에 확 들어오는 것이 있었으니, '2007년'에서의 '7'자. 영재가 조심스럽게 자신의 의견을 말했다.

"처음 유서가 작성된 해가 2001년이라고 했잖아. 그리고 수정한 해는 2007년. 그런데 '1'자에다 한 줄만 더 그으면 '7'자가 되잖아. 그러니까 혹시 이 유서, 첫 번째 유서에 햇수만 고친 게 아닐까?"

그렇다. 일리 있는 말이다.

글자를 고치는 것보다 글자를 더하는 것이 훨씬 쉬운 위조 방법. 아이들이 동의하고 나서자, 영재가 자신을 얻어 말을 계속했다.

"만약 글자를 덧붙여 쓴 거라면, 그건 적외선으로 알아낼 수 있어. 적외선은 물질에 탄소가 많이 들어 있을수록 잘 흡수되는 성질이 있거든. 즉, 잉크에 탄소가 많이 들어 있을수록 더 선명하게 나타나지. 그래서 적외선을 쪼이면 아주 작은 덧칠까지 쉽게 찾아낼 수 있어."

아이들은 모두 어 형사를 쳐다보았다. 잠시 망설이는 어 형사. 영재의 말이 옳은지 틀린지는 유서에 직접 적외선을 쪼여 봐야만 알 수 있는 일. 그렇다면 다시 유서를 보러 가야 되는데, 혹시 이번에도 아니라면 말 그대로 어 형사를 두 번 죽이는 일. 그러나 어 형사는 대답했다.

"그래? 그럼 다시 가 보지 뭐."

역시 어떤 일이 있어도 아이들을 믿어 주는 우리의 어 형사. 멋지다! 아이들은 곧바로 학교에 들러 적외선 감식기를 가지고 다시 자연건설로 갔다. 헐레벌떡 도착하니, 시간은 벌써 임시 주주 총회가 열리기 30분 전. 유서를 다시 보여 달라고 하자, 우수한과 최한식은 버럭 화를 냈다.

"지금 뭐 하자는 겁니까? 자꾸 이러면 무고죄로 고소하겠습니다."

그러자 어 형사가 단호하게 대답했다.

"네, 그러시죠."

우수한은 할 수 없이 유서를 내밀었다. 영재는 얼른 날짜 부분에 적외선 감식기를 갖다 대었다. 그러자 순간, 놀라운 일이 일어났다.

'7'자가 옅은 세로줄과 진한 가로줄로 나뉘는 것이 아닌가! 그 진한 가로줄로 인해 2001년이 2007년으로 둔갑한 것이었다. 당황하는 최한식과 우수한. 영재가 말했다.

"보이시죠? 이것은 2007년 수정된 유서가 아니라 2001년 처음 작성된 유서입니다. 유서를 수정하게 되면 이전 것은 폐기해야 하는데, 그대로 가지고 계셨군요. 그리고 그것에 덧칠을 해서 2007년 수정한 유서로 위조하셨네요."

> ### 5만 원권의 위조 방지 장치
>
> 5만 원권 지폐에는 위조를 막기 위해 여러 가지 장치가 있어. 지폐 중앙 왼쪽에는 청회색 특수 필름으로 만든 은선이 있는데, 지폐를 위아래로 흔들면 은선에 새겨진 태극 무늬가 좌우로 움직이고, 좌우로 흔들면 위아래로 움직이는 것처럼 보이지. 또, 왼쪽 끝부분에는 홀로그램이 붙어 있어서 각도에 따라 태극과 한반도 지도, 4괘의 세 무늬가 차례로 나타나지. 그리고 뒷면 오른쪽 숫자(50000)는 특수한 잉크를 써서 기울기에 따라 녹색에서 자홍색으로 바뀌어. 이렇게 위조를 막기 위해 모두 16가지의 특수 기술을 사용했다고 하니, 대단하지?

확실한 증거에 더 이상 범행을 부인할 수 없는 최한식과 우수한. 어 형사가 말했다.

"우수한 변호사님, 그리고 최한식 지사장님. 두 분을 사문서 위조 혐의로 체포합니다. 아 참, 그리고 한 가지 더! 최 지사장님의 회사 지분의 50%가 우 변호사님한테 양도됐더라고요. 이는 대가성 뇌물로 보이는데 어떻게 생각하십니까?"

결국 최한식과 우수한은 고개를 떨구고 말았다. 아무리 회사를 위한 행동이라 해도 고인의 뜻을 저버리고 법까지 위반할 정도로 정당하지 못한 방법이라면 절대 하지 말았어야 하는 것. 최한식은 뒤늦게 후회의 눈물을 흘렸다.

잠시 후, 예정대로 자연건설의 임시 주주 총회가 열렸다. 그리고 최두식은 최 회장이 남긴 뜻대로 회장 자리에 오를 수 있었다.

"옳지 않은 길로는 발도 내밀지 말라고 하신 선대 회장님의 말씀을 언제나 가슴에 새기고, 자연건설을 지키겠습니다. 저를 믿어 주셔서 정말 감사합니다."

최두식 회장의 두 눈에는 눈물이 가득 고였다. 그 모습을 보니, 아이들도 괜히 코끝이 찡해지는 것이 느껴졌다.

영재가 들려주는
사건 해결의 열쇠

아버지가 사망하면서 유언한 내용과 전에 작성해 놓은 유서의 내용이 달라서 벌어진 형제 간의 경영권 다툼. 결국 유서가 조작되었음을 밝혀낼 수 있었던 것은 바로 '자외선과 적외선'에 대해 잘 알았기 때문이야.

💡 전자기파란?

태양이나 전등에서 나오는 빛은 물결처럼 일정한 파장을 가진 파동의 성격을 띠고 있어. 이 파동은 전하가 주기적으로 진동해서 생기지. 전하가 진동하면 전기장이 생기고, 전기장이 변하면 그 주위에 자기장이 생겨. 이렇게 주기적으로 세기가 변하는 한 쌍의 전기장과 자기장이 물결처럼 공간으로 전달되는 것을 '전자기파'라고 하지.

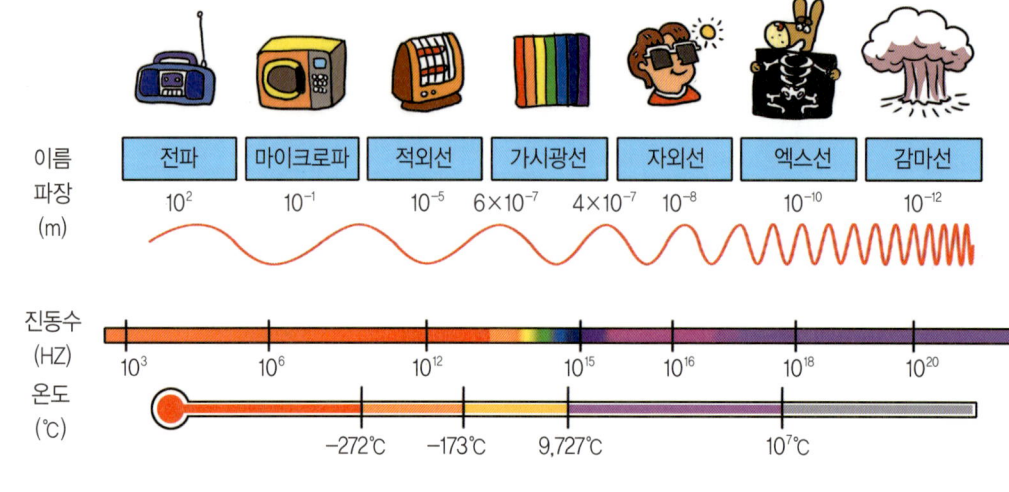

〈전자기파의 스펙트럼〉

전자기파는 그 파장의 길이에 따라 우리 눈에 보이기도 하고 보이지 않기도 하는데, 파장이 긴 것부터 전파, 마이크로파, 적외선, 가시광선, 자외선, 엑스선, 감마선으로 나뉘지. 이 중에서 감마선은 암을 치료하는 데 쓰여. 원자 폭탄이 폭발할 때에도 나오지. 엑스선은 우리 몸속을 찍어 병이 있는 곳의 위치를 알아내는 데 쓰이고, 마이크로파는 요리하는 데, 전파는 라디오와 텔레비전 방송에 쓰여.

💡 자외선은 화학선

자외선은 가시광선보다 파장이 짧은 전자기파야. 스펙트럼으로 보면 가시광선의 보라색 빛 바깥쪽에 있지. 자외선은 물질과 화학적 반응을 잘 일으키기 때문에 '화학선'이라고도 불러. 자외선이 염료의 색을 바래게 만들거나 피부를 그을리게 하는 것은 바로 화학 반응성이 높기 때문이야.

자외선은 세균과 바이러스를 죽이는 효과가 뛰어나서 각종 제품을 소독하는 데 쓰이고, 화학 반응이 뛰어나서 형광등을 만드는 데에도 쓰이지.

위조 지폐 감식기　　　　자외선 살균기　　　　형광등

〈자외선의 쓰임〉

하지만 자외선을 너무 오랫동안 쪼이면 눈에 염증이 생기거나 피부에 화상을 입을 수 있어. 심하면 무서운 피부암에 걸릴 수도 있지. 그러니까 햇빛 아래에 나갈 때에는 자외선 차단제를 꼭 바르고, 선글라스를 끼면 좋아.

그러면 자외선으로 어떻게 문서 위조를 알아낼까? 화학 약품으로 글자를 지우면 눈으로는 잘 보이지 않지만 화학 약품의 흔적이 조금이라도 남아 있게 되거든. 그래서 자외선을 쪼이면 자외선의 높은 화학 반응성 때문에 지워진 부분이 다시 선명하게 드러나는 거야. 자외선을 이용하면 컬러 복사기나 프린터를 이용해 만든 위조 지폐도 감식할 수 있어. 자외선을 쪼였을 때 특수한 반응을 나타내도록 지폐 곳곳에 화학 물질을 발라 놓았거든.

적외선은 열선

적외선은 가시광선보다 파장이 긴 전자기파로, 스펙트럼에서 가시광선의 빨간색 빛 바깥쪽에 있어. 햇빛이 따뜻하게 느껴지는 것도, 난로에 손을 가까이 대면 뜨거워지는 것도 다 적외선이 나오기 때문이지. 열을 가진 모든 물체는 적외선을 내보내는데, 차가운 물질은 조금, 뜨거운 물질은 많이 내보내. 그래서 적외선은 '열선'이라고도 불러.

적외선의 이러한 성질은 다양한 부분에 이용될 수 있어. 온도에 따라 나오는 적외선의 양이 다른 것을 이용해서 온도계에도 쓰이고, 인공위성에서 구름이 많은 날 지상의 날씨를 찍을 때 이용되기도 하지. 적외선을 감지하는 투시경을 쓰면 어둠 속이나 안개 속에 숨어 있는 물체를 볼 수 있어. 또, 열의 흐름을 감지하는 센서로 이용함으로써 자동문 등에도 쓰이지.

그러면 적외선으로 어떻게 문서 위조를 알아낼까? 적외선은 물질에 탄소가 많이 들어 있을수록 잘 흡수되는 성질이 있어. 그래서 탄소가 많이 포함

된 잉크로 쓴 글자는 적외선을 흡수해 뚜렷하게 드러나는 반면, 탄소가 거의 없는 잉크로 쓴 글자는 적외선을 거의 투과하기 때문에 잘 보이지 않지. 그래서 덧칠하여 위조한 문서에 적외선을 쪼이면 위조 여부를 금방 알아낼 수 있어.

〈적외선의 쓰임〉

그러니까 생각해 봐. 유언의 내용과 다른 유서. 결국 유서가 조작되었다는 것을 눈치 채고, 그 증거를 찾기 위해 **자외선과 적외선을 쪼여 보았지**. 결국 **적외선 감식을 통해** 2001년에 작성된 유서에 한 줄을 덧붙여 2007년에 작성한 유서로 위조한 것을 알아낸 거야. 어때, 이젠 알겠지?

■ 핵심 과학 원리 – 식물의 생장

한 청년의 죽음

'할머니, 죄송해요. 잘 살게요.'
'한바다 선생님, 실망시키지 않을게요.'
'이젠 벗어나고 싶다. 정말!'

노총각 장가가다

"아이고, 어서 오세요. 저 장가갑니다. 하하하하."

"으이그~, 그렇게 좋으세요? 신랑은 좀 가만히 있으세요."

정 형사의 핀잔에도 아랑곳하지 않는 어 형사.

"에이, 괜찮아. 좋은데 어떡해. 하하하하."

하기야 좋기도 하겠지. 어 형사 나이 벌써 서른 하고도 다섯 살. 이젠 틀렸나 보다 했는데, 착한 색시 만나 드디어 장가를 가니 말이다.

"지금부터 신랑 어수선 군, 신부 한순정 양의 결혼식을 시작하겠습니다."

주례를 맡은 박 교장이 긴장한 표정으로 단상에 오르자 드디어 식이 시

작됐다. 신랑과 신부가 입장하고, 박 교장이 일주일 넘게 준비한 주례사를 하고 나자 아이들이 축가를 부를 차례.

"♪당신은 사랑받기 위해······.♪"

아이들 역시 일주일 넘게 준비했으나 솔직히 실력은 좀······. 그러나 진심으로 축하하는 마음만은 꼭 알아 주시길······. 그렇게 결혼식이 모두 끝나고, 어 형사 부부는 제주도로 신혼여행을 떠났다.

요리는 한순정이 어렸을 때부터 했던 말이 생각났다. 자신의 장래 희망은 현모양처라는. 좋은 사람 만나 시집가서 남편한테 잘하고 아이들 잘 키우는 것이 꿈이라니, 요리는 절대 이해할 수가 없었다.

"현모양처가 무슨 꿈이야? 의사, 변호사, 경찰. 이런 게 꿈이지."

그러나 한순정은 결혼과 동시에 그동안 다니던 은행을 그만두었다. 어렸을 때부터 늘 꿈꾸었던 현모양처가 되기 위한 첫발을 내딛었다.

그러니 이제 어떡하랴! 그 꿈을 이룰 수 있기를 기도해 줄 수밖에······.

📘 한 청년의 죽음

그때였다. 갑자기 박 교장이 어두운 표정으로 아이들을 불렀다. 뭔가 터졌구나 하는 생각이 모두의 머리를 스쳤는데, 역시!

"정 형사, 망오동 자동차 폐차장으로 애들 데리고 가 봐. 얼른."

시도 때도 없이 터지는 사건. 이런 좋은 날엔 좀 넘어가면 좋으련만.

아이들은 곧장 망오동으로 향했다. 시신이 발견되었다는 폐차장은 겉으로 봐서는 있는지조차 알 수 없을 정도로 외진 곳에 있었다. 게다가 온통 찌그러지고 깨진 차뿐 아니라 주민들이 몰래 갖다 버린 각종 쓰레기로 가득 차 있어서, 대낮에도 결코 들어가고 싶지 않은 곳이었다. 정 형사가 시신을 살피며 말했다.

"나이는 21세에서 23세. 급소를 칼에 찔렸네. 주변에 별다른 핏자국이 없는 것을 보니 다른 곳에서 살해한 후 옮겨 왔군. 요리랑 달곰이는 부검 의뢰하고 피해자가 누군지 알아봐. 혜성이랑 영재는 목격자를 만나 보고."

"네!"

목격자는 75세, 김만득. 근처 동네에 살며 고물을 주워 팔아 생활하는 할아버지로 이삼일에 한 번씩 이곳에 들른다는데, 오늘도 역시 여기저기 뒤지다 이상한 포대 자루를 발견했다고 한다.

"뭐 쓸 만한 게 있나 해서 열어 봤지. 그런데 아이고, 내 놀라서 죽을 뻔했다니까."

김만득은 아직도 놀란 마음이 가라앉지 않았는지 가슴을 쓸어내렸다. 김만득의 말에 따르면 이 폐차장은 문을 닫은 지 2년이 넘었다니, 이 동네 사람 아니고는 찾아내기 어려운 곳. 그럼 범인은 이 동네 사람?

한편, 요리는 부검 전 시신의 지문을 떴다. 그리고 그 지문으로 신원 조회를 해 보니, 21세의 서운해. 주소는 서울 신기동 산 23번지.

'신기동? 가만, 시신이 발견된 망오동과는 거의 서울 끝과 끝이라고 할 수 있는데…….'

여하튼 지금은 서운해의 집에 연락을 하는 게 순서. 달곰이가 전화번호를 찾아내 전화를 걸었다. 그러나 아무도 받지 않았다. 그렇다면 할 수 없다. 가 볼 수밖에.

아이들 넷은 다시 만나 신기동 산 23번지로 향했다. 달동네라 할 만큼 높고 높은 동네. 꼬불꼬불 좁다란 골목길을 따라 한참을 올라가니, 아주 오래되고 낡은 집이 나왔다. 그런데 역시 벨을 눌러도 아무도 나오지 않았다. 아무래도 주변 사람들에게 물어봐야 될 것 같아 돌아서려는데, 인터폰에서 소리가 들렸다. 할머니의 목소리.

"누구여?"

집에는 여든이 넘어 보이는 할머니가 혼자 살고 계셨다. 귀도 어둡고 거동도 불편하신 듯했다. 요리가 서운해라는 사람이 사는지 물었다.

"서운해? 아, 지하에 사는 총각이구먼."

서운해는 그 집의 지하실에 할머니와 함께 세 들어 살았는데, 지난봄에 할머니가 교통사고로 갑자기 돌아가신 후 혼자 살고 있다는 것.

달곰이와 영재는 나가서 서운해의 최근 행적에 대해 알아보고, 서운해의 집은 요리와 혜성이가 살펴보기로 했다. 건물과 담 사이에 난 좁은 길을 따라가니, 지하로 내려가는 좁은 계단이 나왔다. 그리고 계단 밑에는 낡은 현관문이 있는데, 다행히 열려 있었다.

현관문을 열고 들어가자, 지하실이라 그런지 아주 컴컴했다. 문을 열어 둔 채 스위치를 찾아 불을 켜니, 그제야 보이는 집 안. 단칸방으로, 창문이라고는 마당으로 높게 난 작은 창문 하나뿐이었다. 워낙 어두워서인지 작은 창문으로 들어오는 햇빛에 먼지까지 보이는 것이 다른 세상에 온 듯한 기분마저 들었다.

> **먼지 때문에 빛이 보인다?**
> 컴컴한 방에서 손전등을 켜고 불빛을 관찰해 봐. 빛과 함께 수많은 먼지가 둥둥 떠다니는 것을 볼 수 있지? 그런데 왜 빛을 비추면 먼지가 잘 보일까? 하지만 정확히 말하면, 먼지가 있기 때문에 빛의 진로가 보이는 거야. 빛이 먼지나 물방울에 부딪쳐 산란되기 때문에 보이는 거지.

　방 안에 있는 것이라고는 한 쪽짜리 비닐 장롱과 5단 서랍장, 작은 책상 하나, 그리고 방 분위기와는 좀 어울리지 않는 큰 화분 한 개가 전부였다. 하지만 남자 혼자 사는 방이라고 생각되지 않을 정도로 깨끗하게 정돈되어 있었다. 서운해는 꽤 깔끔한 성격이었나 보다.

　요리와 혜성이가 단서가 될 만한 게 있는지 살펴보는데, 금방 눈에 띄는 것이 있었다. 바로 책상 앞에 붙어 있는 종이. '검정고시 → 법과 대학 → 인권 변호사'와 '꼭 합격한다!'라고 씌어 있었다. 아마 서운해는 인권 변호사가 되는 것이 꿈이었나 보다. 그리고 고등학교를 졸업하지 못했고, 지금은 고등학교 졸업 자격을 주는 검정고시를 준비하고 있었던 모양. 책상 위에는 검정고시를 위한 책들이 여러 권 쌓여 있었다.

　요리는 책상 서랍을 열어 보았다. 서랍 속에는 다이어리가 있었다. 다이어리를 열어 보니 공부 계획표가 짜여 있고 여기저기 낙서가 있는데, 그중 눈에 띄는 글들이 있었다.

'할머니, 죄송해요. 잘 살게요.'

'한바다 선생님, 실망시키지 않을게요.'

'이젠 벗어나고 싶다. 정말!'

'이젠 벗어나고 싶다? 뭘 벗어나고 싶다는 걸까?'

그때였다.

"꿈 공부방?"

혜성이가 책꽂이에 꽂혀 있는 프린트를 꺼내 보이며 말했다. 프린트의 첫 장에는 '꿈 공부방'이라고 씌어 있었다. 그렇다면 한바다라는 사람은 꿈 공부방 선생님이 아닐까? 둘은 꿈 공부방을 찾아보기로 했다.

용의자는 홍종민?

한편, 서운해의 최근 행적을 알아보기 위해 나간 달곰이와 영재는 우선 동네 구멍가게로 갔다. 가게 주인은 50세쯤 되어 보이는 아주머니.

"저기 저 위에 파란 대문 집에 사는 사람, 아세요? 서운해 씨라고."

"알지. 그 지하실에 사는 총각? 아침저녁으로 지나가면서 인사를 하니까 거의 매일 보지. 가만, 그러고 보니 어제는 하루 종일 못 본 것 같네. 새벽에 우유 배달하러 가는 것도 못 봤고."

"그럼 그저께에는 보셨어요?"

"그럼, 봤지. 밤 10시쯤 됐을 거야. 만날 그때 집에 들어가니까."

서운해는 그저께 밤 10시 이후에 변을 당한 것이다. 시신이 발견된 시간이 오늘 오전 11시쯤이니, 37시간 동안 어떤 일이 벌어졌던 걸까!

"그저께 보셨을 때 서운해 씨가 혹시 혼자였나요?"

영재가 물었다.

"만날 같이 다니는 총각이 한 명 있어. 저기 윗동네에 산다는데, 이름이 뭐라더라? 종만인가, 종민인가? 그날도 그 총각이랑 같이 갔어."

"어디 사는지 아세요, 그 사람?"

"그건 잘 몰라. 그냥 윗동네 산다는 것밖에는."

서운해의 집에서 요리와 혜성이가 나오고, 아이들은 각자 할 일을 나누었다. 혜성이와 영재는 꿈 공부방과 한바다 선생님을 찾기로 했다.

그리고 요리와 달곰이는 경찰서로 돌아가 부검 결과를 알아보고 종만인가 종민인가 하는 사람을 찾아보기로 했다.

부검 결과, 사망 추정 시간은 이틀 전 밤 10시에서 전날 새벽 2시 사이. 급소를 칼에 찔려 그 자리에서 숨졌다고 한다. 상처 자국으로 보아 살해 도구는 과일칼로 추정되고, 몸 여기저기에 멍이 있는 것으로 보아 사망하기 전에 구타를 당한 것이 분명하다고 한다.

"신기동 주민 센터에서 종만인가 종민인가 하는 사람을 찾아볼게요."

요리의 말에 정 형사가 고개를 끄덕이며 말했다.

"그래. 난 사건 오래 끄는 걸 싫어하는 거 알지? 빨리 해결해."

역시 성격 급한 정 형사. 누가 뭐 사건 오래 끌고 싶어 그러나? 안 풀리니까 그렇지. 그렇게 빨리 해결하고 싶으면 좀 도와주던지…….

한편, 혜성이와 영재는 꿈 공부방을 찾았다. 전화해 보니, 예상대로 한바다 선생님이 있었다. 혜성이와 영재는 곧바로 꿈 공부방으로 갔다. 서운해의 사망 소식을 전하자 한바다 선생님은 울음을 터뜨렸다.

"세 달쯤 전에 검정고시 준비하는데 좀 도와달라고 왔어. 그때부터 하루도 빠지지 않고 매일 저녁에 왔는데, 어젯밤에 처음으로 안 왔더라고. 그래서 무슨 일 있나 싶었는데. 어떻게 그런 일이! 흑흑흑."

할머니와 가난하게 사는 소년 가장이었던 서운해. 힘든 삶만큼 맺힌 것도 많았던지, 학교 다니는 내내 문제아였단다. 지난 4월에 할머니가 갑작스럽게 교통사고로 돌아가시자, 그동안 할머니 속만 썩였다는 죄책

감에 힘들어 하던 서운해는 마음을 다잡고 어렸을 때 꿈인 인권 변호사가 되기로 결심, 그 첫걸음으로 검정고시를 치르기로 했다는 것이다.

"혹시 종민인가 종만인가 하는 친구는 모르세요?"

"종민이? 알지, 홍종민. 운해보다 한 살 아래인데, 여기 같이 다녀."

"같이 다닌다고요?"

혜성이와 영재는 놀란 마음에 동시에 소리를 질렀다. 순간, 한바다 선생님은 이상한 낌새를 알아차렸는지 조심스럽게 되물었다.

"왜? 종민이가 무슨 잘못이라도 했어?"

"아, 아니요. 그날 둘이 같이 있는 모습을 본 목격자가 있어서요."

그러자 한바다 선생님은 사색이 되어 말했다.

"종민이는 아닐 거야. 아니, 아니야. 내가 보증할게. 종민이가 운해를 얼마나 잘 따랐는데, 절대 그럴 리가 없어. 절대!"

그 시간, 요리와 달곰이는 신기동 주민 센터로 가서 15세에서 25세 사이에 이름이 종민과 종만인 사람을 찾아보았다. 그 결과, 20세의 '홍종민'이라는 사람이 있다는 것을 알아냈다. 또 한 가지, 그가 절도 3범의 전과자이며, 석방된 지 3개월밖에 되지 않았다는 사실도 알아냈다.

잠시 후, 편의점에서 아르바이트를 하던 홍종민은 서운해 살인 사건의 주요 용의자로 경찰서에 불려 왔다. 정 형사가 나지막하게 말했다.

"그날 밤 10시쯤 피해자랑 같이 있는 것을 목격한 사람이 있어."

"공부방에서 공부하고 형이랑 같이 집에 온 거예요. 그리고 형의 집 앞에서 헤어져서 전 곧바로 집으로 갔어요. 정말이에요."

"증명해 줄 사람 있어?"

날카로운 정 형사의 물음에 홍종민은 고개를 떨구었다. 그 역시 할아버지와 함께 살다가 5년 전 할아버지가 돌아가시고 혼자 남은 처지. 게다가 한밤중에 돌아온 그를 본 사람은 아무도 없었다. 게다가 전과까지 있으니, 지금 상황에서는 그가 가장 유력한 용의자.

"저에게 전과가 있긴 하지만, 이젠 정말 마음 고쳐먹었어요. 그러니까 운해 형과 검정고시 준비도 했죠. 그런데 제가 왜 운해 형을 죽여요."

그러자 정 형사가 갑자기 그의 앞에 서류를 내던졌다. 사고 보상금 수령 증서. 이건 또 뭔가?

"돈. 돈 때문이었겠지. 5000만 원. 지난 4월에 피해자의 할머니가 돌아가시고, 교통사고 보상금으로 5000만 원 받은 것 알고 있었지?"

"네? 네······."

역시 대단한 정 형사. 어느새 그런 것까지 알아낸 것이다.

"그런데 피해자의 계좌를 조사해 봤더니, 사고 당일까지 잘 있던 5000만 원이 그 다음날 다 빠져나갔어. 그것도 열 군데나 되는 은행에서 500만 원씩 현금으로. 아마 한 곳에서 한꺼번에 5000만 원이라는 큰돈을 찾으면 직원이 인상착의를 기억할 수도 있다는 생각에 머리 좀 쓴 것 같은데! 자, 이제 자백하지. 돈 때문에 그랬다고."

"아니에요. 전 정말 아니에요. 전 그 돈을 통장에 넣어 뒀는지도 전혀 몰랐어요. 정말이에요."

"혹시 피해자가 보상금 받은 걸 알고, 그걸 빼앗기 위해 일부러 접근한 거 아닌가? 같이 공부하자고 하면서."

"아니에요. 같이 공부하자고 한 건 운해 형이었어요. 어렸을 때부터 친하게 지냈는데, 제가 교도소 왔다 갔다 하면서 멀어졌죠. 그러다 3개월 전에 교도소에서 나왔는데, 형이 찾아왔더라고요. 자기도 할머니 돌아가시고 정신 차렸다면서 너도 정신 차리고 같이 공부하자고."

혜성이는 가만히 홍종민을 살펴보았다. 가난에 찌들어 어린 나이에 전과자가 되었지만, 나쁜 사람처럼 보이진 않았다. 눈물까지 그렁그렁 맺혀 어쩔 줄 모르는 모습을 보니 연민까지 느껴졌다. 그러나 형사로서 용의자에 대한 연민은 절대 금물. 혜성이는 고개를 돌리고 말았다.

📘 새로운 용의자

그때였다. 홍종민이 갑자기 뭔가 생각난 듯 고개를 번쩍 들며 말했다.

"맞다! 그날, 운해 형이 좀 이상했어요. 제가 집에 와서 공부하다가 11시쯤 형한테 전화했거든요. 모르는 게 있어서 물어보려고. 그런데 분위기가 좀 이상했어요. 말도 잘 못하는 게. 그래서 내가 물었죠. 누구 왔냐고. 그랬더니 어, 친구들. 그러더라고요."

그러면서 자신의 휴대 전화에서 그날 밤 11시에 서운해와 통화한 기록을 보여 주었다. 혜성이는 피해자의 휴대 전화 통화 기록을 찾아봐야겠다는 생각이 들었다. 만약 홍종민의 말이 사실이라면, 친구라는 사람들이 전화를 했을 수도 있으니까.

혜성이는 곧바로 서운해가 최근 일주일 동안 통화한 기록을 알아보았다. 그런데 일단 그날 밤 11시에 홍종민과 통화한 것은 사실이었다. 그리고 또 한 가지. 유난히 여러 번 전화가 온 번호가 있었다. 그날 낮에도 그 번호로 두 번이나 전화가 온 것이다.

그 전화번호의 주인은 김영환. 신원 조회를 해 보니, 23세. 주소지는 서울시 덕천동. 가만, 덕천동이라면 시신이 발견된 망오동과는 10분 거리. 그렇다면 혹시 친구라는 사람이 김영환?

"좋아. 그럼 일단 홍종민과 김영환의 사진을 가지고 계좌에 찍힌 은행마다 가서 보여 봐. 그날 돈 찾아간 사람이 누군지."

"네!"

정 형사의 지시에 아이들은 모두 열 군데나 되는 은행을 돌아다니며 직원들 한 명 한 명에게 두 사람의 사진을 보였다. 그런데 대부분의 직원들은 모른다고 했다. 계좌에 찍힌 돈을 찾은 시간까지 대 가며 물어도 잘 기억하지 못했다. 하기야 하루에 만나는 사람이 한두 명도 아닐 테니……. 그런데 요리가 세 번째로 방문한 은행에서였다.

"가만, 이 사람인 것 같은데!"

어느 여직원이 김영환의 사진을 고르며 말했다.

"머리 모양이 달라서 좀 헷갈리기는 하는데, 눈썹이 꽤 짙었거든. 500만 원 모두 현금으로 찾아가서 기억이 나. 맞아, 이 사람이야."

영재가 찾아간 또 한 곳의 은행에서도 직원은 김영환을 가리켰다.

"500만 원 모두 현금으로 찾아갔어. 바쁜지 자리에 앉자마자 빨리 처리해 달라고 하더라고."

곧바로 김영환을 체포하라는 명령이 떨어졌다. 그런데 김영환은 집에 없었다. 그저께부터 안 들어왔다니, 벌써 도주했단 말인가! 곧바로 전국에 수배 명령이 내려졌다. 홍종민은 일단 용의 선상에서 벗어났다.

증거를 찾아라!

그러나 김영환이 잡혀 오더라도 현재로서는 그가 범인이라는 확실한 증거물이 없다. 서운해가 어디에서 어떻게 죽었는지를 밝혀내지도 못했고, 살해 도구도 찾아내지 못했다.

"홍종민이 전화를 했을 때 친구들이 와 있다고 했다면서. 그럼 분명히 그때 집에 있었다는 말인데, 혹시 집에서 범행이 일어난 게 아닐까?"

달곰이가 말했다. 물론 그럴 가능성도 있다. 하지만 요리와 혜성이가 집에 가 보았을 때 집은 너무나도 깨끗했다.

"치웠을 수도 있지. 그리고 살해 도구가 과일칼이라고 했잖아. 그러니까 집에서 범행이 일어났을 가능성이 커."

맞다. 그럴 수도 있겠다. 집이 너무 깨끗한 나머지 거기까지 생각을 못했다. 아이들은 곧바로 서운해의 집으로 향했다. 다른 증거물이 없더라도 지문이라도 더 찾아야겠다는 생각이 들었다. 일단 김영환의 지문이 나오면, 그가 서운해의 집에 있었다는 증거가 되니까.

그런데 아이들이 막 구멍가게 앞을 지날 때였다. 가게 아주머니가 뛰어나오며 아이들을 불렀다. 그러고는 말했다.

"생각해 보니까 그날 8시쯤인가? 운해 집을 찾는 사람들이 있었어."

"정말이요? 그래서요?"

혜성이가 다급하게 물었다.

"파란 대문 집 지하라고 했더니, 지들끼리 히죽거리며 웃더라고. 그러더니 그쪽으로 갔어."

이번에는 요리가 물었다.

"혹시 이 사람 아니에요?"

혜성이가 얼른 김영환의 사진을 내밀었다.

"가만, 좀 다른 것 같기도 하고……. 아니다! 머리 모양이 달라서 그렇지, 눈썹이 굵고 진한 게 이 사람 맞네."

그렇다면 김영환이 확실하다!

아이들은 서운해의 집으로 갔다. 낮에도 불을 켜야만 하는 어두운 방.

아이들은 전등을 켜고 집 안 구석구석에 남은 지문을 채취하기 시작했다. 그런데 바로 그때였다. 달곰이가 화분을 보더니 말했다.

"이상해, 이 화분."

다른 아이들이 모두 몰려들었다. 영재가 물었다.

"이상하다니? 왜?"

"이 식물은 '파키라'야. 실내에서 잘 자라긴 하지만 빛을 좋아하는 식물이지. 식물이 잘 자라려면 물, 온도, 양분, 햇빛 등이 필요한데, 특히 빛은 식물이 광합성을 해서 양분을 만드는 데 꼭 필요한 요소야."

"그야 알지. 그런데 뭐가 이상해? 잘 자란 것 같은데!"

영재의 말에 달곰이는 줄기를 가리키며 대답했다.

"잘 봐. 위쪽의 가는 초록 줄기가 한쪽으로 휘어져 있잖아."

그러고 보니, 정말 초록 줄기가 모두 한쪽으로 휘어져 있었다.

"식물은 자극이 오는 방향이나 그 반대 방향으로 굽는 성질이 있어. 이중 빛을 따라 굽어 자라는 성질을 '굴광성'이라고 하지. 식물에 한쪽으로만 빛을 비추면 줄기가 빛이 비치는 방향으로 구부러지는데, 바로 굴광성 때문이야. 특히 이렇게 어두컴컴하고 작은 창문으로 들어오는 빛이 전부인 방 안에서 식물을 키우다 보면 그런 현상이 더 심하게 나타날 수 있어.

파키라는 어떤 식물?

멕시코에서 남아메리카가 원산지로 줄기 밑 부분은 갈색이며 곤봉처럼 굵어지고, 그 위 초록색 줄기에 손바닥 모양의 잎이 나지. 잎의 모양이 예뻐서 집에서 키우는 식물로 인기가 많아. 실내에서도 잘 견디지만 밝은 빛을 좋아하고 추위에 약하니까 되도록 햇볕이 잘 드는 곳에 놓아 두는 것이 좋지.

그러자 요리가 이의를 제기하고 나섰다.

"그럼 얘는 왜 이래? 창문은 저쪽인데, 반대쪽으로 굽어 있잖아."

"그러니까 이상하다는 말이지. 화분에 식물 이름표가 꽂힌 위치로 보면 이쪽이 분명 앞쪽인데, 빛과 반대 방향으로 굽어 있어. 그건 이곳이 원래 자리가 아니었다는 말이 되지. 이 화분은 아마 오랜 시간, 저기 반대쪽에 놓여 있었을 거야."

달곰이가 반대편 벽을 가리키며 말했다.

"그럼 왜 저쪽에 있던 화분을 이쪽으로 옮겨 놓았을까?"

영재가 말했다. 그때, 빈 벽을 가만히 쳐다보던 요리가 말했다.

"여기 좀 봐. 어두운 방이라 잘 몰랐는데, 다른 벽면보다 유난히 깨끗하네. 그것도 서랍장 모양과 장롱 모양으로. 이만큼."

정말 그렇다. 그럼 화분뿐만 아니라 서랍장과 장롱 역시 자리를 옮겼다는 얘기.

"뭔가 숨기기 위해서 옮긴 게 아닐까?"

달곰이의 말에 모두 동시에 소리를 질렀다.

"핏자국."

그렇다. 범인들이 범행 과정에서 생긴 핏자국을 감추려고 가구를 옮겨 놓았을지도 모른다. 아이들은 힘을 모아 장롱과 서랍장, 화분을 옮겼다. 비어 있는 벽 쪽으로. 그랬더니 이게 뭔가! 벽면 도배지에 남아 있는 얼룩덜룩한 자국. 열심히 지운 것 같은데, 그래도 분명히 핏자국이다.

"칼에 찔려 쓰러질 때 벽에 몸을 기댄 것 같아. 핏자국이 벽을 따라 아래로 문질러지듯 묻어 있는 걸 보니."

달곰이의 말에 요리도 덧붙였다.

"바닥에도 핏자국이 있었을 거야. 물론 닦았겠지만."

바닥은 비닐 장판이라 잘 닦였지만, 벽지는 종이라 핏자국이 스며들어 닦아도 자국이 남았던 것. 그러자 아예 장롱과 서랍장, 그리고 화분까지 옮겨 감쪽같이 가려 놓았겠지. 아이들은 루미놀 검사를 했다. 그랬더니 바닥과 벽에 반짝반짝 형광색으로 빛나는 핏자국이 선명하다. 그렇다면 서운해는 집에서 살해당한 것이 분명하다.

그런데 도무지 살해 도구로 사용된 과일칼을 찾을 수 없었다. 하기야 집을 이렇게 깨끗이 치워 놓을 정도면 살해 도구를 남겼을 리가 없지.

그때였다. 영재는 번뜩 생각나는 곳이 있었다.

"혹시 망오동 폐차장에 버리지 않았을까? 거기 보니까 자동차 말고 다른 쓰레기도 많던데."

모두 고개를 끄덕였다. 그렇다면 가서 뒤지는 수밖에.

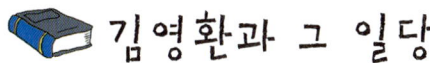# 김영환과 그 일당

"김영환 잡았어! 빨리 들어와!"

아이들이 막 폐차장으로 가려는데 정 형사가 전화를 했다.

김영환의 고향인 전라북도 무주의 한 리조트에서 친구인 송천식, 강만구와 함께 있는 것을 잡았다는 것. 요리가 말했다.

"혜성이 네가 정 형사님께 가 봐. 우리는 폐차장 가서 살해 도구를 찾을 테니까."

그런데 잡혀 온 김영환을 보니, 혜성이는 제일 먼저 왼손에 감은 붕대가 눈에 띄었다. 정 형사도 마찬가지였다. 정 형사가 물었다.

"손은 언제, 왜 다쳤어?"

"이, 일주일 전쯤 친구랑 장난치다가 다쳤어요."

그러자 정 형사가 혜성이에게 눈짓을 보냈다. 확인해 보라는 것. 혜성이는 바로 의료 보험 관리 공단을 통해 최근 김영환의 병원 기록을 찾아보았다. 그랬더니, 있다. 어제 새벽 3시, 김영환이 병원에서 응급 처치를 받았다는 것이다. 혜성이가 조사한 내용을 말하자, 말을 바꾸는 김영환.

"마, 맞아요. 어, 어제 다쳤어요."

"서운해 살해하다가 다친 거 맞지? 빨리 바른대로 말 못해?"

"아니에요. 정말 장난치다 다친 거예요. 맞지, 애들아?"

"맞아요. 우리랑 장난치다가 다친 거예요."

물어보면 뭐 하랴! 당연히 미리 짰을 텐데.

"좋아, 그럼 너희가 서운해의 돈 5000만 원 찾아갔지? 목격자들이 있으니까 딴소리 하지 마. 그날 서운해의 집에 간 걸 본 사람도 있어. 집에서 지문도 나왔고. 이래도 아니라고 할 거야?"

그러자 살짝 긴장한 표정의 김영환.

"가긴 갔어요. 제가 사업을 하나 하려고 하는데 운해가 투자하겠다고 해서 그 돈 받으러 간 거예요."

그러자 송천식이 거들었다.

"맞아요. 필요한 만큼 찾으라고 했어요."

"그런데 왜 도망갔어?"

"도망은 무슨 도망이에요? 사업 구상하려고 간 거죠."

올챙이처럼 요리조리 잘도 빠져나가는 세 남자. 그때였다. 폐차장에 갔던 아이들이 돌아왔다. 온통 쓰레기로 가득한 폐차장을 뒤지고 뒤진 결과, 증거물을 찾아낸 것. 달곰이가 증거물 봉투를 내밀며 말했다.

"찾았어요."

피 묻은 과일칼 한 자루와 걸레들. 순간, 사색이 되는 세 남자.

"좋아, 그럼 핏자국이랑 지문 검식해 봐."

검식 결과, 칼날에서는 서운해와 김영환의 핏자국, 칼자루에서는 서운해와 강만구의 지문이 나왔다. 부인할 수 없는 명백한 증거가 나왔으니, 이제 자백해야 할 때. 송천식이 말했다.

"죽이려고 한 건 절대 아니에요. 사업에 투자 좀 하라고 했는데, 절대 못하겠다는 거예요. 그래서 몇 대 때리니까, 통장이랑 도장을 내놨어요. 비밀번호도 가르쳐줬고요."

김영환이 이어서 말했다.

"그것만 가지고 나오려고 했어요. 그런데 갑자기 그 녀석이 뒤에서 칼을 들고 달려들잖아요. 너무 당황해서 피하는데 내 손등을 그었어요."

그러자 강만구가 덜덜 떨며 말했다.

"그래서 칼을 빼앗으려는데, 녀석이 안 뺏기려고 하다가 그만 자기 배를 찔렀어요, 흑흑흑. 내가 찌른 게 아니에요. 정말이에요. 흑흑흑."

스스로 찔렀다? 과연 그게 사실인지는 보강 수사를 통해 확인해야 할 일. 그리고 설령 그게 사실이더라도 시신을 내다 버린 것만 해도 엄청나게 큰 죄이다. 서운해가 집을 나가 방황했을 때 같이 몰려다니며 놀던 선후배 사이였다는 김영환과 일당들. 서운해가 보상금을 탔다는 말에 그 돈을 노리고 계속 협박과 회유를 하던 끝에 결국 죄를 저지르게 된 것이다.

새로운 고민

서운해의 장례식이 있던 날. 아이들은 장례식장을 찾았다. 생전에는 한 번도 본 적 없는 사람이지만 그래도 일가친척 하나 없이 쓸쓸한 장례식이 될 것을 생각하니 차마 모른 척할 수 없었던 것이다.

장례식이 진행되는 동안 요리는 자꾸 눈물이 났다. 어두운 어린 시절을 벗어나 인권 변호사가 되겠다는 꿈을 품고 이제 막 새로운 삶을 시작한 서운해. 하지만 첫발을 내딛는 순간, 그 꿈은 너무도 무참히 깨지고 말았다. 그런데 장례식이 끝나자 홍종민이 말했다.

"운해 형은 인권 변호사가 돼서 우리같이 어려운 사람을 돕겠다고 했어. 그 꿈을 내가 이어받으려고. 형이 못 다한 꿈, 내가 꼭 이룰 거야."

문득 요리는 자신의 꿈이 무엇인지 생각했다. 어릴 적부터 가졌던 최고의 요리 연구가가 되겠다는 꿈. 하지만 지금은 형사가 되어 있다.

'내 꿈은 뭐지? 형사? 요리 연구가? 아님, 또 다른 무엇?'

게다가 이제 한 학기만 보내면 어린이 형사 학교 졸업. 계속 형사를 할 것인지 아니면 다른 길을 갈 것인지를 결정해야 할 때인 것이다.

"혜성아, 넌 계속 형사 할 거야?"

돌아오는 길, 갑작스런 요리의 물음에 혜성이는 씩 웃으며 대답했다.

"생각 중이야."

요리는 새로운 고민에 빠졌다. 그리고 그건 혜성이도 마찬가지였다.

달콤이가 들려주는
사건 해결의 열쇠

　자동차 폐차장에서 시신으로 발견된 서운해. 그가 집에서 살해되었음을 알아내고 범인을 밝혀낼 수 있었던 것은 바로 '식물의 굴광성'에 대해 잘 알았기 때문이지.

💡 식물에게 빛이 필요한 이유
　생물이 살아가는 데에는 온도, 빛, 물, 양분, 공기 등 여러 가지 환경이 필요하지. 그중에서 식물이 살아가는 데에는 빛이 꼭 필요한데, 왜일까?

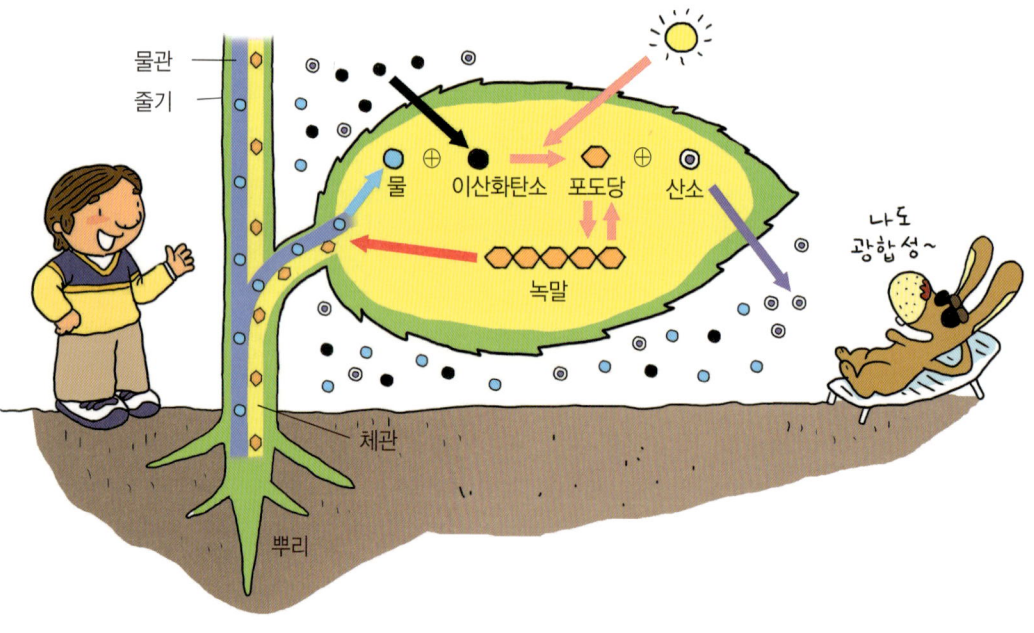

〈식물의 광합성〉

사람을 포함해서 모든 동물은 살아가는 데 필요한 양분을 음식물을 먹어서 얻지만 식물은 그렇지 않아. 대신 식물은 대부분 자신이 필요한 양분을 스스로 만들어 내지.

이러한 과정은 식물의 잎에서 이루어져. 잎에는 엽록체가 있는데, 엽록체에는 초록색을 띤 엽록소가 있어. 식물은 엽록체에서 공기 중의 이산화탄소와 뿌리에서 흡수한 물을 재료로 해서 양분인 포도당과 산소를 만들어 내는데, 그때 필요한 에너지로 엽록소에서 흡수한 빛을 이용하지.

이러한 과정을 '광합성'이라고 해. 즉, 광합성이란 빛에너지를 이용해 이산화탄소와 물을 포도당과 산소로 만드는 과정을 말하지. 잎에서 만들어진 포도당은 녹말로 바뀌어 저장되었다가, 이동할 때에는 다시 포도당으로 바뀌어 식물의 양분으로 쓰여.

그러니까 식물이 살아가는 데 필요한 양분을 만들기 위해서는 꼭 빛이 필요한 거야.

💡빛을 향해 굽는 성질

식물은 햇빛을 반드시 필요로 하기 때문에 될 수 있는 한 햇빛을 더 받으려고 하지. 그래서 때에 따라서는 식물의 잎자루나 어린 가지가 햇빛을 따라 굽는 현상이 나타나기도 해.

이렇게 식물이 햇빛을 따라 구부러져 자라는 성질을 '굴광성'이라고 하지. 이러한 현상이 일어나는 이유는 햇빛을 받는 쪽보다 그 반대쪽이 더 잘 자라기 때문이야. '옥신'이라는 식물의 생장 호르몬이 햇빛을 받지 않는 쪽에 더 많이 분포하기 때문에, 햇빛을 받지 않는 쪽이 더 잘 자라면서 구부러져 자라게 되지.

〈식물의 굴광성〉

식물이 자랄 때 잎, 줄기, 꽃 등은 햇빛을 향해 뻗어 가는데 이를 '양의 굴광성'이라고 해. 반대로 뿌리는 햇빛의 반대 방향으로 뻗어 가는데 이를 '음의 굴광성'이라고 하지.

💡 여러 가지 굴성

굴광성처럼 식물이 자극이 오는 방향이나 그 반대 방향으로 구부러지는 성질을 '굴성'이라고 해. 식물은 빛뿐만 아니라 여러 가지 다른 자극에 대해서도 굴성을 나타내지.

그중 화학 물질에 대해 나타내는 굴성을 '굴화성'이라고 해. 뿌리나 꽃가루는 어떤 농도의 당분이나 단백질에 대하여 굴화성을 나타내지. 암술머리에 묻은 꽃가루에서 꽃가루관이 뻗어 나오는 것은 암술머리에서 나오는 당분에 의해 나타난 굴화성 때문이야.

또, 중력의 작용에 대해 나타나는 굴성을 '굴지성'이라고 해. 중력에 따라 아래로 자라는 뿌리는 양성 굴지성, 중력과 반대 방향인 위로 자라는 줄기는 음성 굴지성을 띠지.

그 외에도 풍란의 뿌리처럼 공기나 산소의 자극에 의해 구부러지는 '굴기성', 뿌리가 물이 있는 쪽을 향해서 구부러지는 '굴수성', 나팔꽃 덩굴처럼 식물이 다른 것에 닿을 때 그쪽으로 구부러지는 '굴촉성' 등이 있어.

〈식물의 굴지성〉

그러니까 생각해 봐. 빛을 좋아하는 식물인 파키라는 오랫동안 작은 창문을 통해 들어오는 빛을 향해 굽어서 자랐어. 그런데 그 굽은 방향이 창문 쪽이 아닌 반대편 어두운 쪽이라는 점이 이상했던 거야. 결국 범인들이 핏자국을 감추기 위해 화분뿐만 아니라 서랍장과 장롱의 위치까지 바꾸어 놓았다는 사실을 알아내면서, 피해자가 자기 집에서 살해되었으며 그 시간 집에 함께 있었던 김영환 일당이 범인이라는 확신을 가지게 되었지. 어때, 이젠 알겠지?

■ 핵심 과학 원리 – 기체의 용해

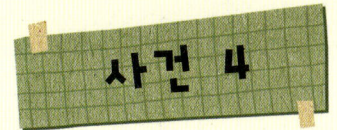

신혼여행, 이별 여행

"비행기에서 남자 한 명이 갑자기 호흡 곤란을 일으켰어.
그래서 할 수 없이 다시 돌아갔거든. 그런데 결국 내리기 직전에 죽었지.
신혼여행 온 새신랑이라는데……. 쯧쯧."

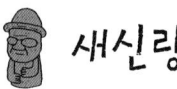 새신랑의 죽음

　제주도에 4박 5일로 신혼여행을 간 어 형사 부부가 돌아오는 날. 아이들은 수업이 끝나자마자 부리나케 공항으로 갔다. 깜짝 놀라게 해 주려고 어 형사에게는 미리 말하지 않고 꽃다발까지 준비했으니, 역시 어 형사를 생각해 주는 사람은 아이들밖에 없다.

　헐레벌떡 달려온 덕에 그래도 늦지 않게 도착한 아이들. 그런데 전광판을 보니, 제주발 5시 도착 비행기에 '지연'이라는 글자가 떠 있는 게 아닌가. 잔뜩 기대하고 나왔는데 약간 김새는 느낌. 하지만 기다릴 수밖에. 그때였다. 안내 방송이 나왔다.

　"제주도에서 3시 55분에 출발, 5시에 도착 예정이었던 AB501편은 사정상 출발 10분 후에 회항했습니다. 30분 후 다시 이륙하여, 도착 예정 시각보다 50분 늦은 5시 50분에 도착할 예정입니다. 죄송합니다."

　"회항했다고? 되돌아간 거야?"

　달곰이가 놀란 눈으로 다시 물었다.

　"그러게! 무슨 일이지? 누가 아팠나?"

　요리가 말했다. 웬만한 일로 비행기가 회항까지 할 리는 없을 테고, 아이들은 살짝 걱정이 되었다.

　여하튼 안내 방송대로 5시 50분이 되자, 전광판에는 '도착'이 표시되었다. 아이들은 이제 나오겠거니 하고 기다리는데, 먼저 나온 사람들이 하나같이 파랗게 질린 얼굴로 하는 말.

"사람이 죽었어. 사람이!"

"그것도 새신랑이!"

헉, 이건 또 무슨 소리! 요리가 한 사람을 붙잡고 다급하게 물었다.

"누가요? 왜요?"

"비행기에서 남자 한 명이 갑자기 호흡 곤란을 일으켰어. 그래서 할 수 없이 다시 돌아갔거든. 그런데 결국 내리기 직전에 죽었지. 신혼여행 온 새신랑이라는데……. 쯧쯧."

새신랑이라니! 혹시나 하는 생각에 갑자기 가슴이 서늘해지는 느낌. 출구가 열릴 때마다 이제나저제나 어 형사 부부가 나오기만을 손꼽아 기다리는데, 이게 어찌 된 일인가! 사람들이 거의 다 나온 것 같은데, 어 형사 부부만 나오지 않는다. 답답한 마음에 혜성이가 직원에게 물었다.

"5시 50분에 도착한 사람들, 다 나온 거예요?"

"아마 그럴걸."

그렇다면 정말 어 형사가? 아이들은 손이 떨리고, 가슴이 떨리고, 온몸의 힘이 쭉 빠지는 것 같았다. 요리의 눈에는 벌써 눈물이 그렁그렁 맺혔다. 그런 요리의 마음을 아는지, 혜성이가 얼른 요리를 위로했다.

"아니야, 요리야. 아닐 거야."

"가, 가만! 휴대 전화! 어 형사님한테 휴대 전화 걸어 보자. 아, 아니! 순정이 누나한테 해 보자."

영재가 다급하게 한순정에게 전화를 했다. 전화벨이 울리고 잠시 후, 딸깍! 전화 받는 소리가 들렸다.

"여보세요."

"순정이 누나, 저 영재인데요. 괜찮으세요? 아무 일 없으세요?"

"어? 어, 그, 그럼."

아무 일 없다고? 요리가 얼른 전화를 낚아챘다.

"언니, 어디야? 지금 어디야?"

"제주도. 오늘 못 올라갔어. 일이 좀 생겨서. 내일 올라갈 거야."

"그, 그럼 어 형사님은?"

"지금 좀 바빠. 오늘 여기서 사고가 있었거든. 그거 처리하느라."

가만, 그렇다면 어 형사는 아니라는 말! 아이들은 그제야 안도의 한숨을 쉬었다. 한순정의 말에 따르면, 어 형사 부부와 같은 호텔에 묵었던 새신랑이 있었는데, 그 사람이 비행기가 이륙하자마자 갑자기 호흡 곤란을 일으켰다. 그래서 승무원들이 산소 호흡기도 대 주고 어 형사가 심폐 소생술을 시도했는데도 차도가 없어 할 수 없이 회항했는데, 결국 도착 직전에 사망했다고 한다. 그러고 나니, 신부 혼자 병원에 보내기도 그렇고 해서 어 형사가 함께 구급차를 타고 따라갔다는 것이다.

결국 어 형사를 깜짝 놀라게 해 주겠다는 꿈은 사라지고, 모두 허탈한 느낌. 그래도 어 형사에게 사고가 일어나지 않은 게 얼마나 다행인가! 그나저나 신혼여행 갔다 오다가 죽다니, 도대체 어떻게 된 일일까?

그런데 다음 날 아침이었다. 아이들이 아침을 먹고 났는데, 어 형사가 혜성이에게 전화를 걸었다. 어제 마중 나갔다는 소리를 듣고 고맙다는 인사를 하려고 그러나? 그런데 어 형사가 갑자기 물었다.

"너희 안 바쁘지?"

아이들 바쁜 것이야 누구보다 잘 아는 어 형사가 안 바쁘냐고 묻다니!

"사건 하나 맡아라. 얘기 들어서 알겠지만 어제 비행기에서 죽은 사람, 그 사람이 왜 죽었는지 원인 좀 밝혀 줘."

이런! 그런 거야 병원에서 밝혀야 되는 거 아닌가? 그런데 혜성이가 대답도 하기 전에 어 형사가 말을 이었다.

"부인 말로는 만능 스포츠맨으로 불릴 만큼 아주 건강한 사람이었대.

제주도 갈 때에도 아무 이상 없었고 제주도에서도 아주 잘 지냈다는 거야. 하기야 내가 봐도 좀 이상하긴 하더라고. 같은 호텔에 묵었던 사람이라 오며 가며 몇 번 인사도 하고, 비행기 이륙하기 전에도 봤는데 아주 멀쩡했거든. 그런데 왜 갑자기 그렇게 됐는지."

"혹시 심장병이 있었는데 모르고 있었던 게 아닐까요? 심장병이 있으면 갑작스럽게 호흡 곤란이 올 수도 있잖아요."

혜성이가 자신의 의견을 말했다.

"부인은 아니라고 했어. 신랑 부모님도 마찬가지고."

"그럼 부검을 해 보는 게 좋지 않을까요?"

"물론 나도 그랬지. 그런데 결혼하자마자 죽은 것도 불쌍한데, 부검까지 하다니 말도 안 된다고 신부고 신랑 부모님이고 아주 완고하더라고. 그러니 모른 척할 수도 없고, 그렇다고 순정 씨만 보내고 나 혼자 여기 남아 수사하는 것도 그렇지 않냐? 금쪽 같은 결혼 휴가 중인데."

하기야 35년을 기다리고 기다리던 시간일 텐데, 사건 수사로 보낼 수는 없겠지. 게다가 박 교장까지 벌써 구워삶아 놓았다니, 결국 아이들은 사건을 맡게 되었다. 아이들은 오후 비행기로 제주도로 출발했다.

 ## 수상한 음료수

제주도에 도착하자, 공항으로 어 형사 부부가 마중을 나왔다. 그리고 보니 어제와 상황이 뒤바뀐 느낌.

"고맙다, 와 줘서. 이참에 제주도 구경하고 좋지, 뭐. 안 그래?"

물론 그렇긴 하지. 하지만 과연 그럴 시간이 있을지.

"그럼 병원에 데려다 줄 테니까 일단 조사하고 다 끝나면 호텔로 와. 방 잡아 놓았으니까."

그러니까 우리는 수사하고 어 형사님은 놀고 계시겠다! 그러나 신혼여행 중인 사람을 붙잡을 수도 없고……. 아이들은 병원으로 향했다.

피해자는 30세, 우둔해. 먼저 우둔해의 부인을 만나 혜성이가 물었다.

"언제부터 호흡 곤란이 시작됐나요?"

"비행기가 이륙하고 나서. 갑자기 가슴과 배가 아프고 현기증이 난다고 했어. 그러더니 숨을 못 쉬겠다는 거야. 너무 놀라서 승무원을 불렀지. 승무원이 산소 호흡기를 대 줬는데, 소용없었어. 온몸에 마비가 오고 막……. 어 형사님이 계속 심폐 소생술까지 했는데, 착륙하기 바로 전에 그만……. 흑흑흑."

"혹시 비행기 타기 전에 이상한 점은 없었나요?"

"없었어. 평소에도 거의 아픈 적이 없는 건강 체질이었거든. 그런데 어떻게 이런 일이 일어났는지."

그러자 달곰이가 물었다.

제주도의 돌에는 왜 구멍이 있을까?

제주도에 있는 돌에는 대부분 구멍이 나 있지. 그 이유는 뭘까? 제주도는 화산 폭발로 생겨난 섬이야. 그래서 제주도에 있는 돌은 화산이 폭발할 때 마그마가 지표면으로 흘러내려 굳어져 만들어진 현무암이지. 그런데 마그마에는 여러 기체가 녹아 있거든. 마그마가 식으면서 기체가 빠져나가니까 그 자리에 구멍이 뽕뽕. 그래서 구멍 난 돌이 많은 거야.

"그제나 어제 아침, 뭐 잘못 드시지는 않았나요? 복어 같은 거요."

복어에는 알과 내장 등에 '테트로도톡신'이라는 독이 들어 있다. 독성이 청산가리의 10배인 맹독성 독극물. 아주 적은 양을 먹어도 구역질과 구토, 호흡 정지, 전신 마비 등의 증세가 나타나고 사망에 이를 수도 있으므로 꼭 전문 요리사가 독을 제거하고 조리한 것을 먹어야 한다.

"아니, 안 먹었는데."

"그럼 음식 알레르기는 없었나요?"

"응. 그런 거 없었어."

그렇다면 뭐란 말인가? 만능 스포츠맨일 정도로 건강했던 사람이 갑자기 호흡 곤란이 왔다면, 뭔가 잘못 먹었을 확률이 높은데…….

그때였다. 우둔해의 부인이 갑자기 생각난 듯 말했다.

"가만, 있다. 음료수!"

"음료수요?"

아이들이 동시에 물었다.

"비행기 타기 바로 전에 음료수를 하나 마셨어."

"어떤 거였는데요?"

요리가 긴장된 표정으로 물었다.

"자세히 안 봐서 모르겠는데 자양 강장제였나. 비행기 기다리다가 잠깐 화장실에 갔다 왔는데, 남편이 음료수를 마시고 있었어. 뭘 혼자 마시냐고 했더니, 한 남자를 가리키면서 저 사람이 줬다고 했어."

"줬다고요? 누가요?"

영재가 놀란 눈으로 물었다.

"누군지는 잘 모르겠어. 처음 보는 사람이었으니까. 흰색 티셔츠에 흰색 바지를 입고 있었는데, 얼굴은 좀 까무잡잡하고."

"나이는요?"

"글쎄. 유심히 안 봐서. 한 3, 40대? 아, 맞다! 그 사람도 우리랑 같은 비행기를 탔어. 남편이 남자를 가리켰을 때 탑승구로 들어가는 걸 봤는데, 혼자인 것 같았어."

"그래요? 혹시 어느 좌석에 앉았는지 기억나세요?"

좌석 위치를 알면, 비행기 예약 명단에서 금방 찾을 수 있으리라!

"그, 그건 모르겠어. 우리보다 먼저 타는 것만 봤으니까."

그렇다면 다른 방법으로 그 사람을 찾아내야 한다.

"일단 공항으로 가서 CCTV를 확인해 보자. 탑승구에 있을 거야."

영재의 말에 모두 고개를 끄덕였다. 혜성이가 말했다.

"그럼 일단 달곰이랑 나랑 공항에 가서 확인한 다음 사진 보낼 테니까, 너희는 여기서 기다리다가 부인한테 보여 주고 맞는지 물어봐."

"다 같이 왔다 갔다 하려면 시간이 많이 걸리니까 그게 좋겠다."

요리가 대답하자, 영재와 달곰이도 동의했다. 혜성이와 달곰이는 바로 공항으로 갔다. 그러고는 공항 관리 공단으로 가서 신분증을 보여 주고, 비행기 탑승구에 있는 CCTV 데이터를 보여 달라고 했다. 3시 55분에 출발하는 비행기였으니, 3시부터 4시까지 탑승구로 들어가는 사람 중 흰색 티셔츠에 흰색 바지를 입은 사람을 찾으면 된다.

"우둔해 씨랑 부인보다 먼저 탔다니까 그 앞쪽에 있을 거야."

혜성이와 달곰이는 CCTV 데이터를 유심히 살폈다. 어 형사 부부가 비행기를 타는 모습도 있고, 우둔해 부부가 타는 모습도 있다. 그렇다면 바로 앞쪽으로 돌리면……. 있다! 흰색 티셔츠에 흰색 바지를 입고 혼자 탑승구를 통과하는 남자.

둘은 곧바로 그 부분을 파일로 저장하여 메일로 요리에게 보냈다. 그 사이 병원 컴퓨터실을 사용할 수 있도록 허락받은 요리와 영재는 메일을 받자마자 사진으로 출력, 곧바로 우둔해의 부인에게 가져갔다.

우둔해의 부인은 그 사진을 보더니 금세 대답했다.

"맞아. 바로 이 남자야."

그렇다면 그 비행기에 탔던 승무원들을 찾아 그 남자를 아는지 확인해야 한다. 혜성이는 요리의 전화를 받고 공항 직원에게 물었다.

"어제 3시 55분발 서울행 비행기의 승무원 명단을 볼 수 있나요?"

직원이 명단을 내밀었다. 달곰이가 물었다.

"혹시 이분들 지금 제주도에 있나요?"

"아니. 아침에 왔다가 3시 55분 비행기로 서울로 돌아갔지."

"돌아갔다고요?"

"내일 오전 10시 비행기로 다시 오니까 그때 만나는 게 어떨까?"

이런 낭패가! 하지만 할 수 없다. 아이들은 살짝 실망하며 호텔로 향했다. 뒤이어 요리와 영재도 호텔로 왔다.

"할 수 없지 뭐. 일단 저녁부터 먹고 바다라도 한번 갔다 올까? 여기까지 왔는데. 어때?"

어 형사의 말에 아이들은 저녁 식사 후 호텔 앞 바닷가로 나갔다. 역시 좋긴 정말 좋다. 그러나 마음 한구석이 찜찜한 건 어쩔 수 없었다.

새로운 사실

"혹시 이 사람 기억나세요?"

다음 날, 아이들이 사진을 내밀자, 승무원들은 사진을 돌려 가며 유심히 살폈다. 그러나 모두 고개를 갸우뚱했다.

"잘 모르겠는데."

"미안하다. 요즘 결혼 시즌이라 워낙 승객이 많아서. 일일이 기억하기 좀 힘들어."

그런데 바로 그때였다.

"아, 이 사람!"

"아시겠어요?"

아이들이 동시에 물었다.

"갑자기 그 승객 때문에 난리 났을 때 옆에서 도와줬던 승객이야. 나보고 빨리 담요 가져오라고 소리쳤어. 그래, 맞아. 바로 그 사람이야."

가만, 그렇다면 우둔해를 도왔다고? 이게 무슨 일인가! 용의자가 피해자를 도와줬다?

"어디에 앉았던 사람인지 아세요?"

혜성이가 물었다. 좌석의 위치를 알면 그 사람의 기본적인 신상을 알 수 있기 때문.

"가만, 가만. 생각 좀 해 보고."

승무원은 가만히 눈을 감고 좌석을 머리에 그리는 듯하더니 이내 생각해 냈다.

"C-34. 맞아. 거기야."

곧바로 예약 명단에서 C-34 좌석을 예약한 사람을 찾으니, 이름은 강일. 나이는 38세. 주소는 제주시 이어동 11번지. 그리고 휴대 전화 번호까지 알아낼 수 있었다.

요리는 얼른 그 전화번호로 전화를 걸었다. 아직 음료수를 주었다는 것 외에는 다른 의심 갈 만한 증거가 없기 때문에, 일단 우둔해 사망 사건에 대해 물어볼 말이 있다고 했다. 그러자 그는 용두암 앞에서 '사랑 카페'를 운영하고 있다면서 그곳으로 오라고 했다.

"서울 가셨다가 금방 내려오셨네요?"

먼저 요리가 물었다.

"어제 사촌 누나 결혼식이 있어서 거기 참석하려고 갔었지. 어젯밤 비행기로 내려왔어. 그런데 무슨 일로?"

"그날 비행기에서 사고가 났을 때 도와주셨다고 하던데요?"

혜성이가 슬쩍 운을 뗐다.

"도와주긴. 사실 나도 엄청 놀랐어. 전날 봤을 때 아주 건강해 보였는데, 갑자기 그런 일을 당할 줄은 생각지도 못했지. 게다가 신혼여행 온 새신랑이 죽었으니, 쯧쯧……."

"사건 전날 보셨다고요? 우둔해 씨를요?"

놀란 표정으로 영재가 물었다.

"어. 비행기 타기 전날 스쿠버 다이빙 하러 갔다가 한 번 봤지."

"스쿠버 다이빙이요?"

들어 보니, 강일의 취미는 스쿠버 다이빙. 제주 스쿠버 다이빙 동호회 회원으로 시간이 날 때마다 제주도 곳곳의 바다에서 스쿠버 다이빙을 한다는데, 거기서 우둔해를 만났다는 것이다.

"동호회 회원들하고 스쿠버 다이빙 하러 우도에 갔는데, 그곳에 왔더라고. 장비 하며 꽤 수준급인 것 같아 눈여겨봤지."

"부인이랑 같이 왔던가요?"

요리가 물었다.

"아니. 여행사에서 온 것 같던데. 혼자였어. 그런데 나중에 공항에서 만났는데 신혼여행 왔다고 하더라고."

"저, 그래서 여쭤 보는 건데요. 공항에서 우둔해 씨를 만났을 때 음료수를 주셨다고 하던데."

혜성이가 물었다.

"어, 그걸 어떻게?"

그러더니 강일은 이내 황당하다는 표정으로 물었다.

"그럼 지금 날 의심해서 여기까지 찾아온 거니? 내가 음료수에 독약이라도 넣었을까 봐?"

요리가 얼른 상황을 정리했다.

"평소 건강했던 사람이 갑자기 사고를 당했기 때문에 그전에 먹었던 음식에 문제가 있지 않았나 생각했어요. 그런데 우둔해 씨가 어느 모르는 분이 준 음료수를 마셨다고 하기에 확인해 보려고 한 거예요."

그러자 강일은 억울하다는 듯 말했다.

"허 참, 기가 막혀서. 그 전날 스쿠버 다이빙 할 때 만났는데, 그날 공항에 갔을 때 또 만나 반가운 마음에 인사를 했지. 그런데 좀 피곤해 보이더라고. 내가 피곤해 보인다고 했더니, 아침에 물에 들어갔다 와서 그렇다는 거야. 그래서 내가 대단하다, 체력 좋다 했지. 마침 가방에 피로 회복제가 있는 것이 생각나 준 것뿐이야. 정말이야."

그때였다. 가만히 강일의 말을 듣던 요리가 다시 물었다.

"잠깐만요. 우둔해 씨가 그날 아침에도 스쿠버 다이빙을 했대요?"

"그래. 호텔 앞바다에서 한 시간쯤 했대."

"누구랑요?"

"전날 같이 왔던 여행사 따라갔던가 했겠지. 그런데 왜?"

그러자 요리는 갑자기 벌떡 일어나며 말했다.

"네, 감사합니다. 가자, 얘들아!"

갑작스런 요리의 행동에 강일뿐 아니라 다른 아이들도 황당하기는 마찬가지. 하지만 뭔가 알아낸 것이 분명하다는 생각에 아이들은 잠자코 요리를 따라 나왔다.

"일단 우둔해 씨 부인한테 전화해서 우둔해 씨가 사건 전날과 그날 아침에 스쿠버 다이빙을 했는지부터 확인해야겠어."

그러더니 곧바로 우둔해의 부인에게 전화를 거는 요리.

"그래, 했어. 그 전날 오후에 여행사 가이드 따라 우도에 가서 스쿠버 다이빙을 했는데, 그날 아침에도 나가고 싶어서 난리가 났었어. 그래서 내가 좀 화를 냈지. 신혼여행 와서 혼자만 노느냐고. 그런데 워낙 스포츠를 좋아하는 사람이고, 제주도로 신혼여행 가면 스쿠버 다이빙 할 수 있겠다며 장비까지 다 챙겨 온 걸 생각하니, 그렇게 하고 싶어 하는데 말리는 것도 뭐해서 하라고 했지."

"누구랑 했나요?"

"여행사 가이드가 데리고 나갔어. 호텔 앞에 있는 바다로."

요리는 여행사 가이드의 연락처를 물었다. 하르방 여행사 고지훈. 곧바로 전화를 걸어 그를 만나기로 했다.

사인을 밝혀내다

"뭐라고? 우둔해 씨가 죽었다고?"

"네, 비행기에서요."

"이, 이런. 어떻게 그런 일이! 그날 오전까지만 해도 정말 멀쩡했는데. 한 시간에 네 번이나 물속에 들어갔다 나왔다니까."

"한 시간에 네 번이나요?"

요리가 놀란 표정으로 물었다.

"그래. 오후 3시까지는 공항에 가야 되고, 게다가 혼자만 논다고 신부가 살짝 삐쳤다고 했어. 그래서 한 시간만 하겠다고 하더니, 그 깊은 바다를 네 번이나 들어갔다 나왔다 하더라니까."

"일단 그곳으로 좀 가 보죠."

요리의 말에 고지훈은 서귀포시 앞바다에 있는 조아라 호텔 앞 바닷가로 아이들을 데려갔다.

"혹시 전문가가 같이 가진 않았나요?"

"전날에는 같이 갔는데, 그날은 갑자기 생긴 일정이라 우둔해 씨가 배만 빌려 달라고 해서 모터보트를 빌려 줬지."

"고지훈 씨는 같이 안 하고요?"

"난 스쿠버 다이빙 못해. 무서워서. 그냥 모터보트 몰고 저 앞까지 나가서 우둔해 씨가 스쿠버 다이빙을 하는 동안 기다렸지. 그리고 전날 보니까 거의 전문가던데, 뭘."

이런! 아무리 실력이 뛰어나도 그렇지. 아마추어 다이버가 전문 다이버도 없이 혼자 스쿠버 다이빙을 했다는 말.

"그곳 수심이 어느 정도 되죠?"

요리가 물었다.

"글쎄. 못 되도 20미터는 되겠지."

수심 20미터를 한 시간 동안 네 번이나 왔다 갔다 했다는 말에 요리는 기가 막혀 하는 모습이었다.

"그럼 스쿠버 다이빙이 끝난 시간이 몇 시쯤이었죠?"

"12시. 12시 30분에 신부랑 점심 먹기로 했다고, 급히 호텔로 갔어."

그러자 요리가 또다시 벌떡 일어나며 말했다.

"감사합니다. 얘들아, 이제 병원으로 가자."

쉴 새 없이 몰아치는 요리. 뭔가 확실히 알아낸 것 같은데, 다른 아이들은 궁금해 참을 수가 없었다. 그 마음을 알았는지 병원으로 가는 차 안에서 요리는 드디어 입을 열었다.

"우둔해 씨의 사망 원인은 잠수병이야."

"잠수병? 그게 뭔데?"

모두 동시에 물었다.

"우리가 숨 쉬는 공기는 질소 78%와 산소 21%, 적은 양의 다른 기체들로 이루어져 있어. 스쿠버 다이버들이 물에서 숨 쉬기 위해 메고 들어가는 공기통에도 똑같은 성분의 공기가 압축되어 들어 있지."

그러자 달곰이가 이상하다는 듯 물었다.

"산소만 들어 있는 게 아니었어? 산소통이라고도 부르잖아."

"아니야. 산소만 들어 있으면 큰일 나. 그렇게 되면 산소 중독이 일어나 호흡 곤란이나 경련, 두통 같은 증상이 나타나거든."

"그럼 우둔해 씨가 메고 들어갔던 공기통에 문제가 있었다는 거야?"

혜성이가 물었다. 그러자 요리가 대답했다.

"그게 아니라 무리하게 스쿠버 다이빙을 한 다음 바로 비행기를 탄 게 원인이었지. 공기가 누르는 압력을 '기압'이라고 하잖아. 물속에서도 물이 누르는 압력인 '수압'이 존재하지. 수압은 물속으로 깊이 내려갈

> **수심 측정 방법**
>
> 깊은 바다의 수심은 어떻게 잴까? 직접 자를 가지고 잴 수는 없잖아. 그래서 주로 사용하는 것이 '음향 측심기'. 초음파를 바다 밑으로 쏘는 거야. 초음파는 약 1,500m/초의 속력으로 물속을 통과해 바다 밑바닥에 닿았다가 다시 반사되어 돌아와. 그럼 음향 측심기는 그 왕복 시간을 측정한 후, 왕복 시간의 1/2에 초음파의 속력을 곱해 수심을 구하지.

수록 높아져. 그런데 기체는 압력이 높을수록 더 많이 녹거든."

이번에는 영재가 아는 척을 했다.

"알아. 지난번 열오염 사건 때 알게 됐지. 기체는 온도가 낮을수록, 그리고 압력이 높을수록 많이 녹는다고. 사이다처럼 말이야."

"맞아. 스쿠버 다이빙을 하면서 공기통의 공기를 마시면, 이산화탄소를 물에 녹인 사이다와 같이 공기 속의 질소가 핏속에 녹아 들게 돼. 바다 밑으로 내려가면 그만큼 수압이 높아지는데, 이렇게 압력이 높은 상태에서 호흡을 하면 질소가 우리 몸속에 더 많이 녹게 되지. 그런데 이 상태에서 다시 빠르게 위로 올라오면 어떻게 될까?"

"당연히 급격하게 수압이 낮아지겠지."

달곰이가 대답했다.

"그러면 핏속에 녹을 수 있는 질소의 양이 급격하게 줄어들어. 핏속에 더 이상 녹아 있을 수 없게 된 질소가 몸 밖으로 나가지 못하고 거품을 만들게 돼. 사이다 병을 따면 거품이 올라오는 것처럼."

"그런데 그게 이번 사건과 무슨 관련이 있는데?"

영재가 고개를 갸우뚱하며 물었다.

"조금만 더 들어 봐. 이럴 땐 아주 천천히 올라와야 돼. 그래야 질소가 폐를 통해 몸 밖으로 빠져나갈 수 있지. 1분에 9미터 정도가 적당해. 그리고 올라가다가 수심 5미터 정도 지점에서 3분 이상 정지해서 몸이 압력에 적응하도록 해야 하는데, 이를 '안전 정지'라고 하지."

"그렇게 하지 않으면?"

혜성이가 물었다.

"갑자기 빠른 속도로 올라오게 되면 질소가 몸 밖으로 나오는 데 필요한 시간적 여유를 충분히 갖지 못해. 그러면 거품 상태로 핏속에 남아 있던 질소가 몸 밖으로 나가지 못하고 피를 타고 돌아다니면서 혈액 순환을 방해해 여러 가지 질병을 일으키지. 그게 잠수병이야."

그러니까 이 사건은 짧은 시간에 스쿠버 다이빙을 한 번이라도 더 하고 싶었던 우둔해가 정말 우둔하게 한 시간에 네 번, 그것도 20미터나 되는 깊은 바닷속을 왔다 갔다 했기 때문에 일어났다는 것이다.

"그래서 너무 깊은 곳까지 잠수를 하거나 빨리 올라오면 안 되고 1일 3회 이상 잠수를 해도 안 돼. 또, 잠수를 하고 나면 반드시 충분한 휴식을 취해야 돼."

이것이 바로 스쿠버 다이빙의 기본 수칙. 하지만 전문 다이버도 없이, 게다가 오랜만에 스쿠버 다이빙을 하게 된 우둔해는 꼭 지켜야 할 기본 수칙을 무시한 것이다.

"게다가 우둔해 씨를 보면 운동을 좀 하긴 했지만 그래도 조금은 살찐 체형이잖아. 질소는 몸속의 지방에 녹기 쉽거든. 그래서 비만인 사람이 잠수병에 더 걸리기 쉽지."

"잠수병에 걸리면 증상이 어떤데?"

혜성이가 물었다.

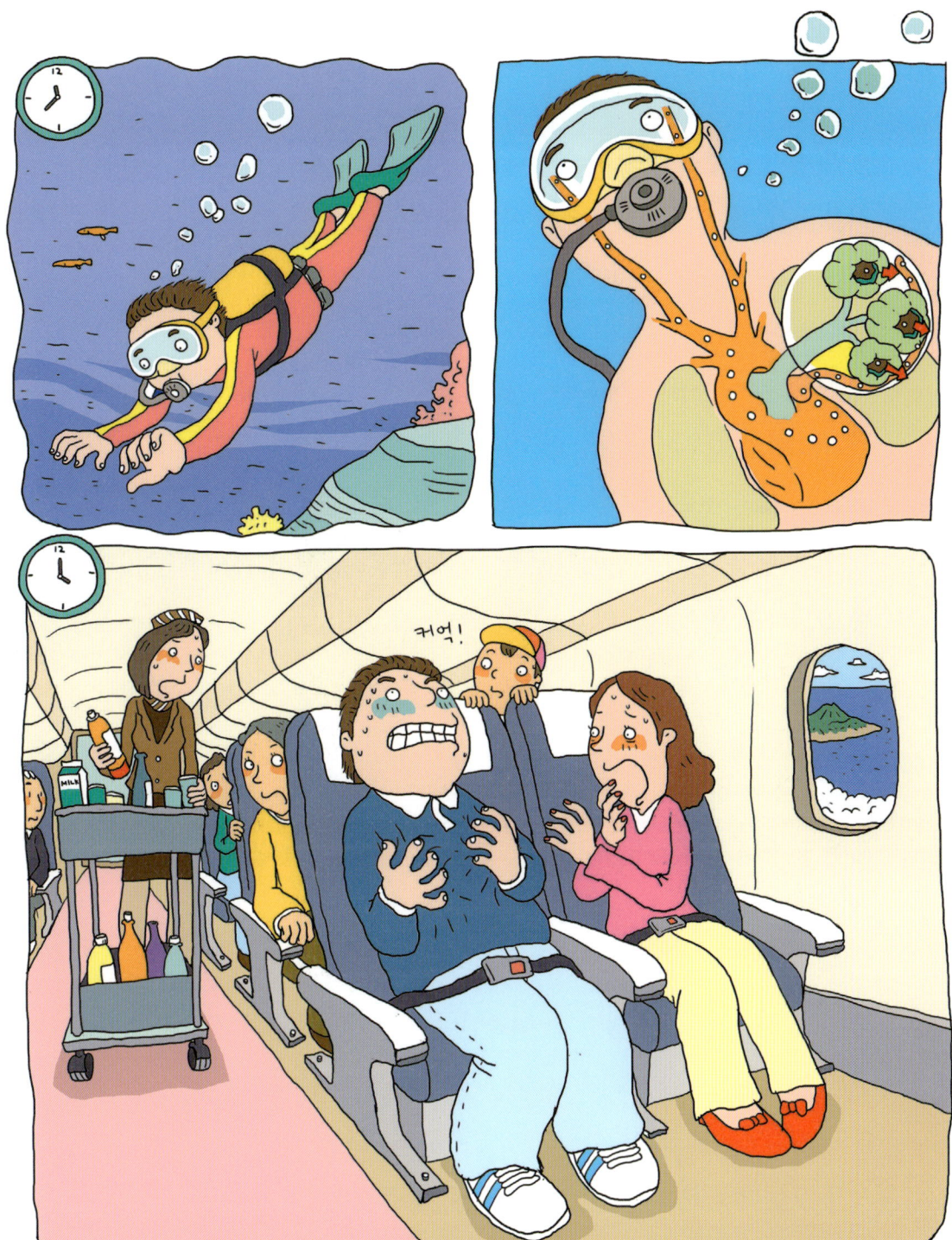

신혼여행, 이별 여행

"일반적으로 무력감, 피로, 관절이나 근육의 통증, 피부 부종, 경련 등이 생기고 호흡 곤란이 일어나면서 심하면 내부 출혈, 마비, 쇼크, 시력 장애, 심지어는 사망에도 이를 수 있어."

"그런데 부인 말로는 비행기 타기 전까지 아무렇지도 않았다잖아."

영재가 물었다. 이에 요리가 다시 대답했다.

"우둔해 씨가 사망한 가장 큰 이유는 스쿠버 다이빙을 마치고 바로 비행기를 탔기 때문이야."

그건 또 무슨 소리?

"기압은 높은 곳으로 올라갈수록 낮아지거든. 스쿠버 다이빙을 12시쯤 끝냈다고 했으니까 비행기를 탄 건 그로부터 4시간 후. 그런데 스쿠버 다이빙을 한 후 17시간 동안은 절대 비행기를 타지 말아야 해. 비행기가 이륙하면 기압이 급격하게 낮아지고, 그러면 핏속에 녹아 있던 질소가 다시 기체로 바뀌면서 심각한 상황을 일으킬 수 있거든."

모두 고개를 끄덕였다.

"이제 마지막으로 한 가지만 더 확인하면 돼."

"그게 뭔데?"

"핏속의 질소 농도. 사망한 지 이틀이나 지났지만 호흡이 정지되어 있었으니 그사이 핏속의 기체 농도는 사망 시와 거의 비슷할 거야."

아이들이 병원에 도착하자, 어 형사 부부도 병원에 도착해 있었다. 어 형사가 우둔해의 부모와 부인을 설득해 피 검사를 할 수 있게 되었다.

그리고 마침내 결과가 나왔는데, 역시 요리의 예상이 맞았다. 기준치보다 훨씬 높은 질소 농도.

결국 우둔해는 무리하게 스쿠버 다이빙을 한 후 곧바로 비행기를 타면서 몸속에 남아 있던 질소로 인해 잠수병이 일어나 사망한 것으로 밝혀졌다. 행복한 신혼여행이 다시는 만날 수 없는 이별 여행이 된 것.

사건을 해결하고, 아이들과 어 형사 부부는 그날 저녁 비행기로 서울로 올라왔다. 그런데 어 형사의 말.

"제주도까지 왔는데 구경도 제대로 못하고 서운하겠다."

아니, 어 형사, 지금 놀리는 건가? 그럼 구경을 좀 더 시켜 주던지.

"미안타. 내가 내일부터는 출근해야 되잖니. 우리 여보야도 피곤하고. 그치, 여보야?"

"아이, 전 괜찮아요. 호호호."

헉! 이건 또 무슨 시추에이션? 아이들은 갑자기 온몸이 간질간질했다. 그리고 깨달았다. 앞으로 최소한 한 달 동안은 절대 어 형사 옆에 가지 말아야 한다는 것을. 아니면 '간질간질병'으로 무지 고생할지도 모른다.

요리가 들려주는
사건 해결의 열쇠

행복하기만 한 신혼여행이 영원한 이별 여행이 되고 만 사건. 사건 해결의 열쇠는 '압력에 따른 기체의 용해'와 잠수병에 대해 잘 아는 거야.

💡 기압과 수압

지구를 둘러싸고 있는 공기를 '대기'라고 해. 대기는 무게가 있기 때문에 누르는 힘, 즉 압력이 있어. 이것을 '기압'이라고 하지.

기압은 높이 올라갈수록 낮아져. 대기를 거대한 공기 기둥이라고 생각하면, 위로 올라갈수록 공기의 양이 적어지니까 누르는 압력인 기압이 낮아지는 거야.

그런데 물도 무게가 있기 때문에 물속에는 물이 누르는 압력인 '수압'이 있어. 목욕탕이나 수영장에서 가슴까지 물에 잠기면 숨 쉬기가 좀 불편하지? 이는 수압이 가슴을 누르기 때문이지.

수압은 물체의 모든 면에 작용하고, 기압보다 더 높아. 또, 물속으로 깊이 내려갈수록 높아지지. 물의

〈깊이에 따른 수압의 변화〉

깊이가 10m 깊어질 때마다 수압은 약 1기압씩 높아져.

💡 압력에 따른 기체의 용해

기체는 압력에 따라 녹는 양이 달라져. 간단한 실험을 통해 알아볼까?

냉장고에 넣어 두었던 사이다를 꺼내 두 개의 시험관에 각각 같은 양을 넣은 다음, 한 개는 곧바로 마개를 닫고 한 개는 마개를 닫지 않은 상태에서 실온의 물에 넣어 봐. 어느 쪽에서 거품이 더 많이 나올까?

마개를 닫지 않은 시험관에서 거품이 더 많이 나오는 것을 볼 수 있어. 거품은 사이다 속의 이산화탄소가 물속에 더 이상 녹아 있을 수 없기 때문에 나오는 것. 그러니까 거품이 많이 나온다는 것은 그만큼 녹을 수 있는 기체의 양이 적어졌다는 것을 뜻하지.

위의 실험 결과를 볼 때, 같은 온도와 같은 양의 물에서 기체는 압력이 클수록 더 많이 녹는다는 것을 알 수 있지.

〈압력에 따른 이산화탄소의 용해〉

💡 잠수병이란?

공기는 78%의 질소, 21%의 산소, 나머지 여러 기체들로 이루어져 있어. 우리가 공기를 들이마시면 공기 속에 들어 있는 기체는 폐를 거쳐 핏속에 녹아 온몸을 돌아다닌 다음 다시 폐를 통해 기체가 되어 몸 밖으로 나와. 그런데 피는 액체이므로, 얼마나 많은 기체가 녹을 수 있는지는 주변의 압력에 따라 달라져. 압력이 높은 곳에 가면 더 많이 녹고, 압력이 낮은 곳에 가면 더 적게 녹지.

스쿠버 다이빙을 할 때에도 마찬가지야. 지상보다 주변 압력이 높은 물속에서 공기통을 통해 몸속에 들어온 질소는 몸 밖으로 빠져나가지 못하고 다시 핏속에 녹는데, 물 밑으로 내려갈수록 수압이 높아지니까 더 많이 녹아. 그래서 잠수를 한 다음 다시 위로 올라올 때에는 질소가 다시 폐를 통해 서서히 몸 밖으로 나오도록 천천히 올라와야 돼.

그렇지 않고 갑자기 위로 올라오면 수압이 급격하게 낮아지면서 핏속에 녹을 수 있는 질소의 양이 급격하게 줄어들고, 그로 인해 핏속에는 많은 거품이 생겨. 마치 사이다 병뚜껑을 급작스럽게 열었을 때 거품이 잔뜩 나오는 것처럼. 그리고 이 거품은 피를 타고 돌아다니면서 혈액 순환을 방해해. 그래서 무력감, 피로, 근육이나 관절의 통증, 경련, 호흡 곤란 등의 증상

을 일으키게 되는데, 이것이 잠수병이야.

 이러한 현상은 질소가 몸 밖으로 다 나오지 않은 상태에서 비행기를 타면 다시 급격하게 낮아지는 기압 때문에 훨씬 더 심각한 상황으로 나타날 수 있지. 그래서 잠수를 한 다음에는 휴식을 충분히 취해야 하고, 잠수하고 나온 후에 17시간 동안은 절대 비행기를 타면 안 돼.

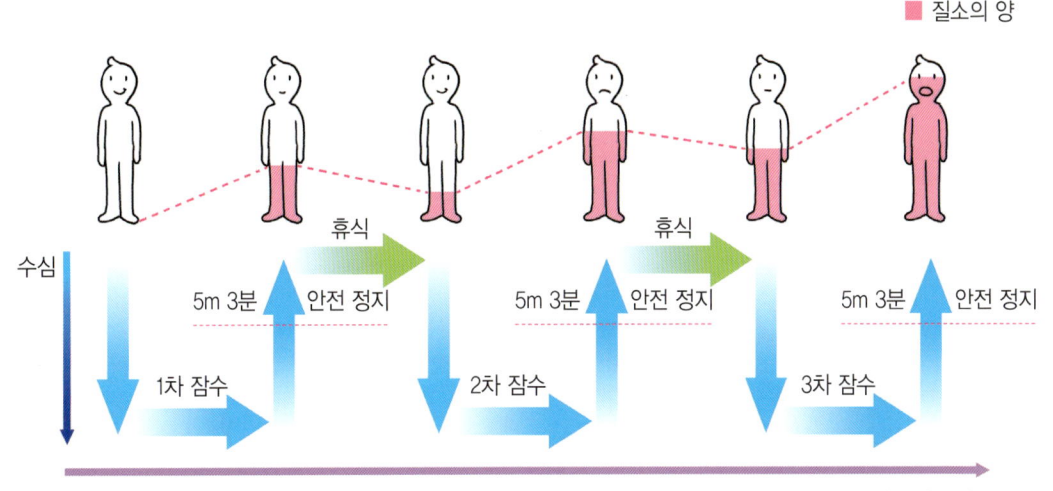

〈다이빙 시간에 따른 질소 흡수량〉

 그러니까 생각해 봐. 짧은 시간에 여러 번 스쿠버 다이빙을 하고 싶었던 우둔해는 정말 우둔하게 안전 수칙을 지키지 않고 깊은 바닷속을 빠르게 내려갔다 올라갔다 했지. 게다가 핏속에 녹아 있는 질소가 다 빠져 나오지도 않은 상태에서 비행기를 타고 빠른 속력으로 위로 올라갔으니, 엄청난 압력의 변화에 따라 심한 잠수병이 일어난 것이지. 어때, 이젠 알겠지?

■ 핵심 과학 원리 – 원운동

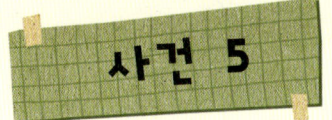

마약 조직을 잡아라!

"그런데 오늘 저녁 6시 비행기로 마카오에서 조직원 세 명이 여행객으로 위장, 마약을 숨겨 들어올 거라는 정보를 얻었어."

 ## 서당파를 잡아라!

"드르렁~ 쿨~. 드르렁~ 쿨~."

매일 오후 2시 30분부터 3시 사이. 이 시간만 되면 정확하게 교장실에서 울려 퍼지는 박 교장의 코 고는 소리. 박 교장의 취미 생활이 '코 골며 잠자기'라는 것은 어린이 형사 학교 사람이라면 누구나 다 아는 사실. 그러니 웬만큼 큰일이 아니고서야 그 시간에는 누구도 교장실에 가지 않는다. 그러나 모든 일에는 예외가 있으니, 바로 이분이 오실 때.

"허허허! 박 교장 취미 생활, 여전하시군."

가만, 이 목소리는?

"쌤, 빨리 일어나세요. 빨리."

뒤늦게 뒤따라온 어 형사가 황급히 박 교장을 깨운다. 잠자는 사자의 코털을 건드리다니, 박 교장은 잠결에 버럭 소리를 질렀다.

"시끄러. 아직 3시 안 됐어."

"아니, 그, 그게 아니라요. 청, 청장님……."

순간, 잠이 확 깬 박 교장. 벌떡 일어나며 꾸벅 인사를 한다.

"어, 어서 오세요."

"미안하네. 취미 생활 방해해서……."

그러더니 박 교장과 마주 앉자 갑자기 진지한 표정이 되는 경찰청장.

"박 교장, 서당파 좀 잡아들여 줘."

서당파. 국내 3대 폭력 조직 중 하나. 한때 강남 술집의 반 이상이 서당파의 것이라는 소문이 돌 정도로 규모나 자금에서 짱짱한 조직이다.

"서당파요? 요즘 1, 2년 좀 잠잠하던데요. 서당파 보스 이서방도 말레이시아에 사업차 나갔다더니, 영 들어올 낌새도 안 보이고."

"그런 줄 알았지. 그런데 그게 다 연극이었어."

"연극이요?"

수업이 끝나자마자 박 교장의 부름을 받고 모인 아이들. 딱 한 시간 전, 철민이가 청장님 오셨다고 수선을 떨 때부터 알아봤다. 뭔가 중대한 사건이 터졌다는 것을.

"마약 밀매요?"

어 형사의 말에 아이들은 모두 놀라 물었다.

"그래. 서당파 보스인 이서방이 계속 동남아시아를 돌며 들어오지 않은 이유가 있었어. 기억나지? 지난 1월에 난리 났었잖아. 탤런트, 가수, 모델 등 톱스타들이 마약 사범으로 줄줄이 잡혀 들어간 사건."

당연히 알지. 우리나라에서 그 사건 모르는 사람이 있을까? 그때 이 시대 최고의 아이돌인 '핫돌'의 멤버 중 요리가 제일 좋아하는 '하루'가 잡혀 들어가는 바람에 요리는 몇 날 며칠 눈물로 베갯잇을 적셨다.

"그때 국내에 마약을 대는 큰 조직이 있다는 제보가 있었대. 지금까지 경찰청과 관세청이 합동으로 수사를 벌인 결과, 서당파가 개입되어 있다는 걸 알아냈어. 보스 이서방이 마카오에서 마약을 보내고 제2보스이자 그의 동생인 이만방이 국내에 들여와 팔아 온 거지."

박 교장이 이어서 말했다.

"그런데 오늘 저녁 6시 비행기로 마카오에서 조직원 세 명이 여행객으로 위장, 마약을 숨겨 들어올 거라는 정보를 얻었어."

어 형사가 사진을 보여 주며 말했다.

"잘 봐 둬. 27세, 차수현. 31세,

강동훈. 그리고 서당파 제3보스로 알려진 35세, 장철수."

박 교장이 보충 설명을 했다.

"특히 바로 이 사람, 장철수. 지금까지는 주로 조무래기들만 왔다 갔다 하고 양도 별로 안 됐지만, 이번에 장철수가 뜬다는 걸 보니 꽤 많은 양일 거야. 그리고 목표는 잘 알겠지? 장철수뿐 아니라 제2보스인 이만방, 그리고 보스인 이서방까지 모두 잡아들이는 거야. 명심해!"

용의주도한 서당파

아이들은 곧바로 위장 준비를 했다. 마침 코단의 '탐정론'에서 위장술에 대해 배운 아이들. 위장술의 기본은 당연히 범인이 절대 눈치 채지 못하게 하는 완벽한 변신과 연기. 그리고 무엇보다도 1분 1초도 범인에게서 눈을 떼서는 안 된다는 것이다.

혜성이와 요리는 해외에 영어 캠프를 갔다가 들어오는 아이들로, 영재와 달곰이는 친척을 마중 나온 아이들로 위장했다. 그리고 박 교장, 어 형사, 정 형사는 공항 청사 밖에서 대기하기로 했다.

어느덧 저녁 6시. 이제 잠시 후면 용의자들이 나올 것이다. 모두 출구를 뚫어져라 보고 있는데, 드디어 첫 번째 용의자가 나왔다. 차수현. 배낭에 모자, 그리고 선물 보따리까지. 배낭 여행객으로 완벽 위장한 차수현. 요리가 재빨리 차수현의 뒤를 따랐다.

두 번째로 나온 사람은 강동훈. 세련된 검은 양복에 검은 뿔테 안경, 그리고 검은 서류 가방까지. 사업가로 완벽하게 위장했다. 영재가 곧바로 미행을 시작했다.

마지막 세 번째는 예상대로 장철수. 서당파 제3보스답게 건장한 체격의 장철수는 작은 골프 가방과 골프 보조 가방, 골프복까지 갖추어 골프 여행 갔다 오는 여행객으로 완벽 위장한 모습이었다. 곧바로 달곰이가 따라붙었다. 그리고 혜성이는 만약의 사태에 대비해 세 아이들의 움직임을 체크하기 시작했다.

출구에서 나온 차수현은 곧바로 100미터 정도 떨어진 편의점으로 향했다. 그러고는 음료수 한 병과 신문 한 부를 사서 편의점 앞 의자에 앉았다. 다른 사람들과 시간 차를 두고 나왔으니, 잠시 시간을 보내는 것이리라. 그렇다면 이제 곧 세 사람이 만날 것이 분명하다.

예상대로 잠시 후, 차수현 앞으로 다가오는 강동훈. 그냥 지나치지만 차수현과 눈빛을 교환하는 것을 눈치 빠른 요리가 놓칠 리 없다. 그러더니 50미터쯤 떨어진 약국으로 들어가는 강동훈. 비타민 음료를 사더니, 천천히 마시며 자꾸 시계를 보는 품이 시간 약속을 했다 이거지!

한편, 장철수는 서점으로 가더니 가방을 바닥에 내려놓고는 골프 잡지를 뒤적이기 시작했다. 뒤따라간 달곰이 역시 눈치 채지 않게 책을 고르는 척하고 있는데, 강동훈이 서점으로 들어왔다. 그러더니 가지고 있던 가방을 장철수의 골프 보조 가방 옆에 세워 두고는 역시 잡지를 뒤적이는 것이 아닌가! 그렇다면 저 가방들 속에 마약이 들어 있다는 말?

그때였다. 셋이 다 모일 것이라는 예상과는 달리 차수현은 벌떡 일어나더니, 서점과는 반대 방향으로 갔다. 요리가 얼른 따라갔으나, 이런! 남자 화장실이다. 따라 들어갈 수도 없고 난처한 상황. 요리는 할 수 없이 화장실 밖에서 기다렸다. 그때 달곰이에게서 무전이 왔다.

"장이랑 강, 가방 교환."

장철수와 강동훈이 가방을 바꾸었다는 말. 잠시 후 강동훈이 다시 화장실로 갔다. 화장실에서 뭔가 일을 꾸미는 게 확실하다. 요리는 강동훈을 따라온 영재에게 차수현도 들어갔다는 눈짓을 했다. 영재가 고개를 끄덕이며 화장실로 따라 들어갔다. 그때 차수현이 나오고 그 칸으로 강동훈이 들어간다. 영재는 손 씻는 척하며 강동훈을 기다렸다.

한편, 화장실에서 나오는 차수현을 보니, 메고 있던 배낭이 없다. 요리가 얼른 영재에게 무전을 보냈다.

"배낭 두고 나왔다."

정말 곧이어 나온 강동훈을 보니, 배낭과 골프 가방을 들고 나왔다. 그렇다면 저 두 가방에 마약이 있다? 따라오는 경찰이 있는지 확인하고 따돌리기 위해 끊임없이 가방을 바꿔치기 하는 것이 분명하다. 하지만 아직 단언할 상황은 아니다. 마약은 이 두 가방이 아닌 장철수가 바꿔가진 가방에 있을 수도 있고 세 개의 가방 모두에 들어 있을 수도 있다.

그리고 잠시 후, 세 명의 용의자는 서서히 주차장으로 가기 시작했다.

"장철수, 지하 주차장으로 이동."

달곰이가 무전을 하자, 박 교장이 명령을 내렸다.

"어 형사, 혜성이, 달곰이는 지하 주차장 입구에서 대기, 추적하라!"

곧 차수현이 택시를 타고 출발했고, 정 형사와 요리가 추적을 시작했다. 강동훈의 차는 박 교장과 영재가 추적하기 시작했다. 혹시나 했는데, 세 사람이 뿔뿔이 흩어져 출발을 한다. 역시 용의주도한 서당파다.

황당한 추격전

공항을 빠져나온 세 대의 차는 각기 다른 방향으로 달리기 시작했다.

제일 먼저 목적지에 도착한 사람은 차수현. 택시에서 내려 들어가는 모습을 보니, 가만, 그냥 집인 것 같은데! 요리가 차에서 내려 문패를 보니, 차수현의 집이다. 정 형사가 말했다.

"그럴 것 같더라. 배낭은 강동훈한테 주고 쇼핑백만 가지고 나왔잖아. 아무리 간 큰 범인이라도 나 보란 듯이 쇼핑백으로 마약을 운반하지는 않겠지. 일단 좀 더 지켜보자."

그렇게 요리와 정 형사는 차수현의 집 앞에서 잠복을 시작했다.

한편, 강동훈을 따라간 박 교장과 영재. 아무래도 가방 2개를 다 가지고 있는 그가 마약을 가지고 있을 확률이 가장 높다. 그렇다면 곧바로 서당파의 근거지로 향할 것은 분명한 사실. 절대 놓치면 안 된다.

그런데 공항에서 벗어나 시내로 접어들자 강동훈은 갑자기 1차선으로 차선을 바꾸더니, 눈 깜짝할 사이에 유턴을 했다. 미행하는 것을 알아차렸나? 갑작스런 강동훈의 행동에 박 교장도 재빨리 따라붙어 유턴을 하려는데, 아뿔싸! 빵빵빵! 벌써 신호가 바뀌고 반대 차선의 차들이 요란하게 경적을 울려대며 무섭게 달려드니, 결국 강동훈을 놓치고 말았다. 역시 나이는 못 속이나? 박 교장은 씁쓸한 마음이 들었다.

그 시간 장철수의 차는 외곽 도로로 접어들었는데, 차가 꽉 막혀 거의 움직이지 못하는 상황. 혹시나 눈치 챌까 싶어 바로 따라붙지 않고 3대의 차를 사이에 두고 장철수를 쫓던 어 형사는 좀 갑갑한 마음이 들었다. 그때 영재가 혜성이에게 전화를 걸어 박 교장의 명령을 전했다.

"강동훈 놓쳤어. 일단 장철수 잡고, 없으면 2단계 작전 진행해."

혜성이가 말을 전하자, 어 형사는 잔뜩 약이 오른 표정으로 말했다.

"어휴, 생쥐 같은 녀석들! 좋아, 장철수! 넌 내가 절대 안 놓친다!"

그때였다. 갑자기 차들이 조금씩 움직이기 시작했다. 앞쪽에서 사고가 난 차량이 두 차선을 막고 서 있어서 밀렸던 것이다. 사고 지점을 벗어나자 차들은 서서히 속도를 내기 시작했다. 장철수의 차도 제법 속도가 붙은 상황. 어 형사가 열심히 장철수를 따라붙으며 명령했다.

"반달곰, 장진 요금소에 경찰 대기시켜."

이제 20킬로미터만 더 가면 장진 요금소. 어 형사는 거기서 장철수를 잡을 계획인 것이다. 물론 장철수가 가진 가방에 마약이 들어 있다고 확신할 수는 없지만, 그래도 놓칠 수는 없다. 일단 잡고 뒤져서 있으면 바로 연행. 그렇지 않다면 만약을 위해 준비한 2단계 작전을 시작한다.

그때였다. 갑자기 장철수가 3차선에서 2차선으로 차선을 바꾸었다. 어 형사도 얼른 따라붙었다. 그러자 다시 3차선으로 옮기는 장철수.

"혹시 눈치 챈 거 아닐까요?"

아무래도 어 형사도 들켜 버린 듯. 그러자 살짝 열 받은 어 형사.

"아무리 까불어도 소용없어. 10킬로미터만 더 가면 넌 끝장이야!"

하기야 이제 장진 요금소까지는 10킬로미터도 못 되는 거리. 벌써 경찰이 출동해 있을 테니, 장철수는 이미 독 안에 든 생쥐다. 그러나 그걸 아는지 모르는지 장철수는 자꾸 차선을 바꾸었다. 물론 어 형사도 재빨리 따라붙으니, 이제 이 곡선 도로만 돌면 요금소가 나온다!

그때였다. 또다시 차선을 바꾸는 장철수. 그것도 이번에는 2차선에서 4차선까지 한꺼번에 두 차선이나. 게다가 곡선 도로에서 시속 100킬로미터 이상으로 달리다니! 어 형사가 비웃으며 말했다.

"마지막 발악이군. 하지만 어림없지! 달곰아, 하이패스 막으라고 해!"

잠시 후, 곡선 도로를 벗어나니 눈앞에 바로 보이는 요금소! 어 형사의 예상대로 장철수는 재빨리 하이패스 전용 차로로 차선을 바꾸었다. 오, 놀라운 예지력.

결국 속도를 줄이며 하이패스를 통과하려던 장철수는 차단기가 올라가지 않는 바람에 끽! 급정거를 하고 말았다. 그러자 순식간에 달려드는 경찰들. 혜성이와 달곰이는 차단기가 가로막으면 위험하지 않을까 생각했는데, 차단기는 탄력 있는 재질로 되어 있어 차가 부딪쳐도 멀쩡했다.

어 형사는 곧바로 장철수 차의 뒤쪽을 막고, 차에서 내렸다. 그러고는 차창을 두들겨 열게 하더니, 여유롭게 웃으며 말했다.

"오, 운전 좀 하던데! 반갑다, 장철수!"

이런. 우리 어 형사, 영화를 너무 많이 보셨다!

하이패스란?

하이패스(hi-pass)란 달리는 차 안에서 라디오 주파수나 적외선 등의 무선 통신을 이용해 고속 도로 통행료를 지불하는 최첨단 전자 요금 징수 시스템을 말해. 차에 단말기를 설치하고 돈이 충전된 전자 카드를 꽂은 상태에서 천천히 요금소를 통과하면, 요금소에 설치된 하이패스 장비와 정확하게 통신이 이루어지게 만든 거야. 그래서 전자 카드에서 자동으로 고속 도로 통행료가 빠져나가게 되지.

마약은 어디로?

"뭐야? 무슨 일이야?"

장철수가 황당한 표정으로 버럭 화를 냈다. 그러나 이미 차에서 나와 팔이 뒤로 꺾인 상황. 어 형사는 여유로운 웃음을 흘리며 대답했다.

"무슨 일은. 얼음 구경하러 왔지."

'얼음'이란 마약을 가리키는 은어. 장철수가 맞받아쳤다.

"얼음이라니. 여름도 아닌데, 왜 얼음을 여기서 찾아?"

그러자 어 형사는 혜성이와 달곰이에게 가방을 가리키며 소리쳤다.

"시끄러! 꺼내 봐!"

혜성이와 달곰이는 가방을 꺼내 완전히 뒤집었다. 안에 든 각종 물건들이 우르르 쏟아져 나왔다. 옷가지와 세면도구.

"지금 뭐 하는 거야?"

장철수가 다시 소리를 질렀다. 하지만 혜성이는 아랑곳하지 않고 가방 안쪽의 비밀 주머니를 찾아냈다. 이럴 줄 알았지!

그런데 주머니를 열어 보니, 이게 어찌 된 일인가! 나오라는 마약은 없고, 속옷이 구겨져 들어 있는 게 아닌가.

"빨랫감인데, 뭐 잘못됐어?"

이런 황당한! 그나저나 도대체 마약은 어디에 숨겼단 말인가. 진짜 이 가방엔 처음부터 안 들어 있었나?

그렇다면 2단계 작전을 시작해야 한다. 어 형사가 눈짓을 하며 명령했다.

"차 뒤져 봐. 빨리!"

혜성이와 달곰이는 얼른 장철수의 자동차를 뒤지기 시작했다. 역시 아무리 뒤져도 마약은 발견할 수 없었다. 그러나 열심히 트렁크를 뒤지는 척하며 혜성이가 한 일은 트렁크에 GPS 수신기 붙이기. 지난번 일본에서 유괴당한 아이를 찾을 때 썼던 방법이다. 만약 세 사람을 추적하다 놓치고 한 사람만 남게 되면, 곧바로 체포하여 증거물을 찾아낸다. 하지만 없다면, 다음 작전은 용의자를 놓아주고 위치 추적을 통해 서당파의 근거지를 찾아내는 것.

혜성이는 익숙한 솜씨로 순식간에 트렁크의 밑판을 들어내고 여벌 타이어를 넣는 곳에 GPS 수신기를 붙였다. 그러고는 얼른 닫으며 말했다.

"없는데요."

그러자 어 형사가 일부러 당황한 표정을 지으며 다시 물었다.

"없어? 잘 찾아봤어?"

"네."

혜성이와 달곰이가 대답하자, 장철수는 슬쩍 미소를 흘렸다. 그러더니 큰소리를 치기 시작했다.

"거 봐! 당신들 정말 무고죄로 고발당하고 싶어? 어?"

그러자 어 형사가 할 수 없다는 듯 명령했다.

"풀어 줘."

장철수는 화가 나는 듯 씩씩거리며 몇 마디 욕지거리를 하더니 차에 올라탔다. 어 형사는 약이 오른 표정을 지으며 소리를 질렀다.

"내가 너 꼭 잡고 말 거야! 기다려!"

그러자 장철수는 코웃음을 치더니, 이내 차를 몰아 떠났다. 이렇게 되면 마약은 장철수가 아니라 강동훈의 가방에 있다는 뜻. 이제 장철수가 경찰을 따돌렸다는 생각에 안심하고 서당파 근거지로 향할 때를 기다려야 한다.

어 형사와 혜성이, 달곰이는 차로 돌아와 박 교장과 정 형사에게 2단계 작전이 시작됐음을 알렸다. 그사이 학교로 돌아간 박 교장은 컴퓨터를 켜고 GPS 프로그램을 작동시켰다. 혜성이와 달곰이도 차에서 컴퓨터를 꺼내 장철수의 위치 추적을 시작했다.

그때였다. 정 형사와 요리가 지키고 있던 차수현의 집에서 갑자기 대문이 열리고 차수현이 나왔다. 그러더니 황급히 택시를 잡아타는 차수현. 정 형사와 요리는 그를 추적하기 시작했다. 방금 장철수가 풀려났는데, 차수현이 움직인다? 그렇다면 예상대로 세 명 모두 무사히 경찰의 수사망을 빠져나갔다고 생각하고 모이려는 것이 아닐까?

한편, 장철수의 위치를 계속 추적하던 혜성이가 어 형사에게 말했다.

"이상해요. 계속 장진 요금소 부근에서 왔다 갔다 하는데요."

"정확한 위치가 어딘데?"

"외곽 도로 밑에 있는 산길이요. 아까 온 길을 거꾸로 가고 있어요."

"산속에 근거지가 있나?"

달곰이가 갸우뚱하며 말했다. 정말 그럴까? 그때였다. 요리에게서 연락이 왔다. 차수현이 중간에 강동훈과 만나 그의 차로 갈아타고 장진 요금소 쪽으로 가고 있다는 것. 그렇다면 정말? 박 교장이 지시했다.

"좋아, 정 형사는 계속 차수현을 추적하고, 어 형사도 장철수 추적해. 나도 그쪽으로 갈게."

잠시 후, 장철수의 차가 멈춘 곳을 보니, 바로 장진 요금소 진입 전, 곡선 도로 밑에 있는 산의 입구.

"뭐야? 여기야?"

어 형사가 황당하다는 듯 말했다. 순간, 혜성이는 번뜩 떠오르는 것이 있었으니, 바로 차선을 무리하게 두 차선이나 바꿔 마지막 4차선으로 갔던 장철수. 가만, 그럼 혹시?

잠시 후, 강동훈의 차가 도착하고 강동훈과 차수현이 내렸다. 그러고는 장철수와 만나 산 쪽을 가리키며 뭐라고 한참을 이야기하는 것이었다.

그사이 다른 아이들과 정 형사, 박 교장까지 모두 도착해 곳곳에 흩어져 잠복에 들어갔다. 그나저나 아무리 생각해도 이 산속에 근거지가 있을 것 같진 않은데, 도대체 여기서 뭘 하려는지. 게다가 시간은 벌써 밤

8시. 산속이라 그런지 컴컴해 앞도 잘 안 보이는데 말이다.

그때였다. 반대쪽 길에서 차 여러 대가 줄지어 들어왔다. 차문이 열리며 재빨리 뛰어나오는 검은 양복의 사람들. 열 명은 족히 되어 보였다. 모두 정렬하자 가운데 차에서 내리는 한 남자. 어 형사가 속삭였다.

"이만방이다!"

이만방이 내리자, 장철수는 이만방에게 한 방향을 가리키며 뭐라고 설명을 하기 시작했다. 혜성이는 생각했다. 바로 그거다!

"분명해요. 장철수가 위험을 느끼자 물건을 차 밖으로 던진 거예요. 여기 아까 장철수가 갑자기 차선을 바꾼 곳 바로 밑이잖아요."

혜성이의 말에 어 형사도 달곰이도 고개를 끄덕였다. 아까는 그저 따돌리기 위한 행동이라고 생각했는데, 지금 생각해 보니 아니었던 것.

이윽고 이만방이 졸개들에게 명령을 내리는 것이 보였다. 흩어져서 찾으라는 손짓과 함께!

"머리 좀 썼네. 가만, 오히려 잘됐네! 마약을 찾아내면 그때 잡으면 되잖아. 게다가 그렇게 되면 이만방까지 한번에! 오, 좋아, 좋아!"

어 형사가 신이 나서 말했다. 물론 그렇게만 되면 얼마나 좋을까? 그런데 세상일이 어디 그렇게 쉽던가! 30분이 지나도록 돌아오는 졸개들마다 고개를 흔들어 대는 것이었다. 못 찾았다는 뜻. 그러자 화가 난 이만방은 갑자기 몸을 휙 돌리더니, 장철수에게 이단 옆차기를 날렸다. 헉! 역시 무섭긴 무섭다. 그나저나 이젠 어떻게 한다?

"일단 이만방 따라붙어서 근거지부터 알아내고 잠복해."

박 교장이 지시했다. 정 형사, 요리, 달곰이가 이만방의 차를 추적하기 시작했고 나머지는 일단 학교로 돌아왔다.

어디로 떨어졌을까?

"혹시 장철수가 다른 데로 빼돌린 게 아닐까요?"

역시 어 형사. 어쩜 이렇게 행동뿐 아니라 생각까지 튀는지!

"그 밤중에 모두 모여 찾았다는 건 장철수가 물건을 가지고 있었고 그걸 던졌다는 얘긴데, 왜 못 찾았을까?"

박 교장이 혼잣말을 하듯 중얼거렸다. 그러자 영재가 물었다.

"혹시 위치를 잘못 안 건 아닐까요?"

혜성이가 대답했다.

"아니야. 거기 맞아. 2차선에서 4차선으로 막 바꾼 위치. 곡선 도로만 돌면 장진 요금소가 나오는 바로 그 위치였어."

바로 그때였다. 영재가 깜짝 놀라며 다시 물었다.

"뭐? 곡선 도로? 곡선 도로였어?"

"응. 왜?"

"잠깐! 지도, 지도가 필요해!"

그러더니 벌떡 일어나 인터넷으로 지도 검색을 하는 영재. 곧바로 장진 요금소 부근의 세밀한 지도를 찾아내 출력했다.

"아까 서당파가 마약을 찾던 곳이 바로 여기고, 그럼 장철수가 4차선에 있었던 위치는 정확하게 어디야?"

영재가 지도에 위치를 표시하며 묻자, 혜성이도 그 위치를 표시했다.

"곡선 도로가 거의 끝나는 곳이니까 돌기 바로 전, 여기쯤일 거야."

그러자 영재는 고개를 끄덕이며 말했다.

"이제 알겠어요. 왜 거기 없었는지."

"왜? 왜 없었는데?"

어 형사와 혜성이가 동시에 물었다.

"물체는 힘을 받으면 운동하는데, 힘의 크기에 따라 속력이 변해요.

그리고 힘의 방향에 따라 운동 방향이 바뀌죠. 물체를 놓으면 밑으로 떨어지는 것도 지구 중심 방향으로 '중력'이 작용하기 때문이잖아요."

"그러니까 여기서 던져서 그 밑으로 떨어진 거잖아. 그래서 모두 거기로 가서 물건을 찾은 거고."

혜성이가 지도를 가리키며 말했다.

"그랬지. 문제는 이 도로가 직선 도로가 아니라 곡선 도로라는 거야."

"곡선 도로?"

어 형사와 혜성이가 동시에 물었다.

"자동차를 직선으로 달리게 하려면 달리는 방향으로 힘을 가해야 해요. 하지만 자동차가 곡선 도로를 따라 원운동을 하게 하려면 자동차가 달리는 방향과 직각인 방향으로 힘을 가해야 하죠."

"그래서?"

혜성이가 물었다.

"원운동을 하는 자동차에서 물체를 던지면 물체가 자동차를 벗어나기 때문에 구심력이 물체에 작용하지 않아 곧장 앞으로 날아가게 되지."

"결국 곡선 도로이기 때문에 다른 방향으로 떨어졌단 말이군?"

박 교장이 고개를 끄덕이며 물었다.

"네. 움직이는 자동차 안에 있는 물체는 자동차와 같은 속력과 방향으로 움직이잖아요. 그러니까 물체 역시 도로의 접선 방향으로 운동하고 있었고, 결국 이곳으로 떨어졌을 거예요."

영재가 가리키는 곳을 보니, 서당파가 찾고 있던 장소와 거의 직각을 이루는 방향. 박 교장이 명령을 내렸다.

"좋아, 그곳으로 경찰 병력 요청해!"

 멋지게 해결하다!

모두 영재가 말한 곳으로 향하는데, 가는 도중 정 형사에게서 연락이 왔다. 서당파의 근거지를 찾아 잠복 중이라고. 그렇다면 이제 증거물만 확보하면 되는데, 과연 영재가 말한 곳에 있을까?

벌써 밤 12시가 가까워져 산속에는 온통 짙은 어둠뿐. 게다가 부엉 부엉 부엉이 우는 소리까지 들리니 꼭 귀신이라도 나올 듯 스산한 느낌이 들었다. 박 교장, 어 형사, 혜성이와 영재, 지원 요청해 온 경찰들까지 모두 흩어져 손전등을 밝히며 영재가 지목한 위치를 샅샅이 뒤지기 시작했다.

그렇게 30분쯤 찾았을까? 영재의 눈에 번쩍 띄는 게 있었으니, 바로 나뭇가지 위에 걸려 있는 비닐봉지. 손전등을 비춰 보니 봉지 안에는 인형 같은 것이 들어 있는 듯했다.

이상하다는 생각에 영재가 얼른 긴 나

> **부엉이는 왜 밤을 좋아할까?**
>
> 부엉이는 밤에도 낮처럼 주위를 잘 볼 수 있을 만큼 눈이 밝아. 또, 작은 동물이 살금살금 걷거나 소곤대는 소리도 들을 정도로 청력이 좋지. 뿐만 아니라 깃털이 부드럽고 촘촘해서 날갯짓을 할 때에도 소리가 나지 않으니, 노리는 먹잇감이 알아차리지 못하게 다가가 덥석! 밤 사냥에 아주 안성맞춤이라고 할 수 있지.

뭇가지를 이용해 내려 보았더니, 곰 인형이었다. 산속에서 발견하기에는 너무도 어울리지 않는 물건. 그렇다면 혹시? 영재는 재빨리 비닐봉지를 벗긴 후, 솔기를 살펴보았다. 꿰맨 자국이 있다. 뜯어 보니, 맞다! 그렇게 애타게 찾던 하얀 가루가 비닐봉지 가득 들어 있다! 곧바로 어 형사에게 보이자 기뻐 소리를 지른다.

"맞아, 바로 우리가 찾던 물건이야!"

족히 500그램은 될 듯. 정말 간도 크다. 한꺼번에 이렇게 많이 들여올 생각을 하다니. 그것도 곰 인형에 넣어서.

"큰 거 잡으려고 그동안 잔챙이는 그냥 뒀더니 역시 간이 커졌군. 장철수 들어온다고 할 때부터 내 이럴 줄 알았어."

어 형사의 말에 박 교장이 명령을 내렸다.

"곰 인형 있던 비닐봉지랑 마약 담은 비닐봉지에서 지문 채취해."

가까운 경찰서로 가 지문 검식을 하니, 맞다. 장철수의 지문이다.

"가서 잡아 와!"

박 교장의 명령이 떨어지자 어 형사와 혜성이, 영재, 경찰들이 곧바로 서당파의 근거지로 향했다. 잠복하던 정 형사와 요리, 달곰이까지 합류해 모든 준비가 끝나자, 어 형사의 신호에 맞춰 출동! 어 형사와 정 형사가 문 앞을 지키는 2명의 졸개들을 간단히 제압하자 경찰들이 아이들을 엄호해 주었다. 마당을 건너 현관까지 뛰어 들어간 아이들. 살짝 문을 열어 안을 살펴보는데, 이만방의 고함 소리가 들렸다.

"그게 다 얼마인 줄 알아? 빨리 바른대로 말 못해? 어디에 숨겼어?"

"아닙니다. 숨기다니요. 절대 아닙니다."

장철수가 손이 발이 되도록 빌며 대답했다.

"아무리 뒤져도 없잖아! 형님이 아시면 네 목숨은 끝이야. 곰 인형에 발이 달린 것도 아니고, 그쪽으로 던진 게 어디 갔겠어?"

"부, 분명히 그쪽으로 던졌습니다. 확실합니다."

찾다 찾다 못 찾아서 잔뜩 화가 난 이만방은 장철수를 의심하고 있던 것. 어떻게 어 형사랑 똑같은 생각을 했을까! 어 형사가 눈짓을 보냈다. 그러자 하나, 둘, 셋! 모두 동시에 들이닥치며 소리를 질렀다.

"손 들어!"

갑작스런 상황에 모두 우왕좌왕. 어 형사와 정 형사가 도망가려던 이만방을 제압하고 경찰들이 장철수와 강동훈, 차수현을 제압했다.

결국 이만방과 그 졸개들은 마약 밀수 혐의로 체포되었다. 그들의 근거지를 샅샅이 뒤진 결과, 지하 창고에서 강동훈이 가지고 있던 가방 두 개를 찾아냈다. 그 안에는 아까 산에서 찾은 것과 같은 곰 인형 두 개가 있었고, 물론 안에는 마약이 한 봉지씩 들어 있었다. 박 교장은 마카오에 있는 이서방을 체포하기 위해 인터폴에 도움을 요청했다.

경찰청장이 기뻐한 것은 당연한 사실. 철저한 위장에, 숨 막히는 추격전, 그리고 범인이 미처 생각해 내지 못한 과학적 분석까지. 이것이 '어린이 과학 형사대 CSI'만의 멋진 솜씨가 아니겠는가. CSI, 역시 최고다!

영재가 들려주는
사건 해결의 열쇠

서당파의 마약 밀매 사건. 장철수가 잡히기 직전, 도로 밑 산속으로 던진 마약을 찾아낼 수 있었던 것은 '물체의 운동'에 대해 잘 알았기 때문이야.

💡 힘과 운동

모든 물체에는 운동 상태를 그대로 유지하려고 하는 성질인 '관성'이 있지. 정지하던 물체는 계속 정지하려고 하고, 움직이는 물체는 계속 움직이려고 하는 성질.

그럼 물체의 운동 상태를 바꿀 수 있는 것은 뭘까? 정지하던 물체를 움직이게 하거나 운동하는 물체를 정지하게 하는 것 말이야. 그건 바로 '힘'이야. 물체에 힘이 작용하면 속력이 달라지거나 운동 방향이 달라지기도 하고, 둘 다 달라지기도 하지. 이는 물체가 얼마만큼의 속력으로 어떤 방향으

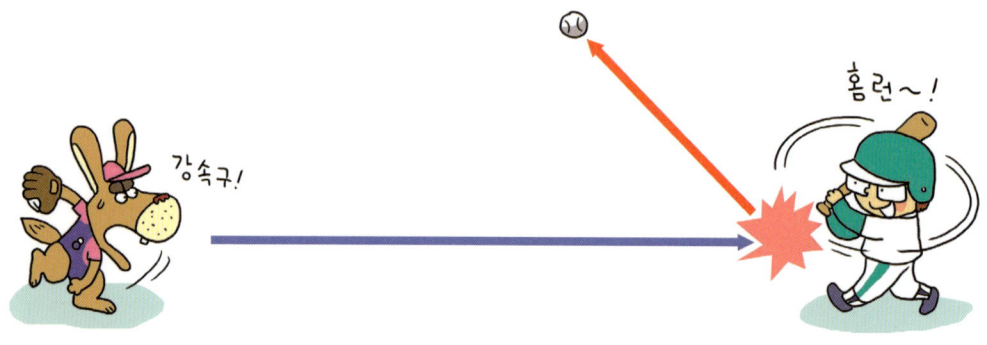

〈힘과 운동 방향의 변화〉

로 움직이고 있었는지, 그리고 물체에 힘이 어느 방향으로 얼마만큼 작용했는지에 따라 달라져.

 예를 들어 책상 위에 놓여 있는(정지해 있는) 책은 관성 때문에 계속 정지해 있으려고 하지만, 위쪽으로 힘을 주면 위로 들어 올려지지. 그럼 옆으로 힘을 주면 어떻게 될까? 책상 면을 따라 옆으로 움직이지. 이때 힘을 더 주면 더 많이, 더 빨리 움직여.

💡 직선 운동에서의 힘의 방향과 운동 방향

 직선 운동에서의 운동 방향은 작용하는 힘의 방향과 같은 선상에 있어. 같은 방향이거나 반대 방향이거나.

 움직이는 장난감 자동차에 같은 방향으로 힘을 주면 어떻게 될까? 자동차의 속력이 빨라지면서 계속 같은 방향으로 움직이지. 물론 힘을 많이 줄수록 속력은 더 빨라져.

· 힘의 방향이 운동 방향과 같을 때

· 힘이 방향이 운동 방향과 반대일 때

〈직선 운동에서의 힘과 운동 방향〉

그러면 이번에는 장난감 자동차의 운동 방향과 반대 방향으로 힘을 줘 봐. 어떻게 될까? 운동을 방해하는 방향으로 힘을 주는 것이므로 자동차의 속력은 점점 느려지다가 결국 멈추게 되지.

💡 원운동에서의 힘의 방향과 운동 방향

그럼 빙글빙글 도는 원운동은 어떨까? 물체가 원운동을 하려면 '구심력'이 있어야 해. 구심력이란 원의 중심 방향으로 끌어당기는 힘을 말하지. 구심력은 원운동하는 물체의 질량이 클수록, 물체가 도는 원의 반지름이 작을수록, 물체의 속력이 클수록 커져.

이때 물체의 운동 방향은 원의 접선(원과 한 점에서 만나는 선) 방향, 즉 구심력의 방향과 직각(90도) 방향이 돼.

〈원운동에서의 힘의 방향과 운동 방향〉

곡선 도로에서 물체를 떨어뜨리면?

곡선 도로를 달리는 자동차는 원운동을 하는 것과 같은 상태야. 즉, 각 위치에서의 운동 방향은 도로가 이루는 원의 접선 방향이 돼. 또한, 움직이는 자동차 안에 있는 물체는 자동차와 같은 속력과 방향으로 움직이고 있는 상태이지. 결국 물체 역시 도로의 접선 방향으로 운동하지.

그러니까 생각해 봐. 장철수는 달리는 차 안에서 마약이 든 곰 인형을 던졌어. 그런데 마침 그곳은 곡선 도로. 그러니 도로 바로 밑에서 곰 인형을 찾아봤자 당연히 찾을 수 없겠지. 왜냐하면 곰 인형 역시 자동차와 같은 방향, 즉 곡선 도로가 이루는 원의 접선 방향으로 운동하고 있었으니까. 결국 곡선 도로가 이루는 원의 접선 방향을 찾아보니, 드디어 발견! 사건을 해결할 수 있었던 거야. 어때, 이젠 알겠지?

CSI, 고민에 빠지다!

어린이 과학 형사대 CSI의 대 활약! 마지막 10권으로 달려갑니다.

특별 활동

CSI, 함께 놀며 훈련하다!

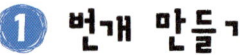

❶ 번개 만들기

번개는 구름을 이루는 물방울 사이의 마찰에 의해 생기는 정전기 현상으로 볼 수 있지. 그럼 간단하게 번개를 만들어 볼까?

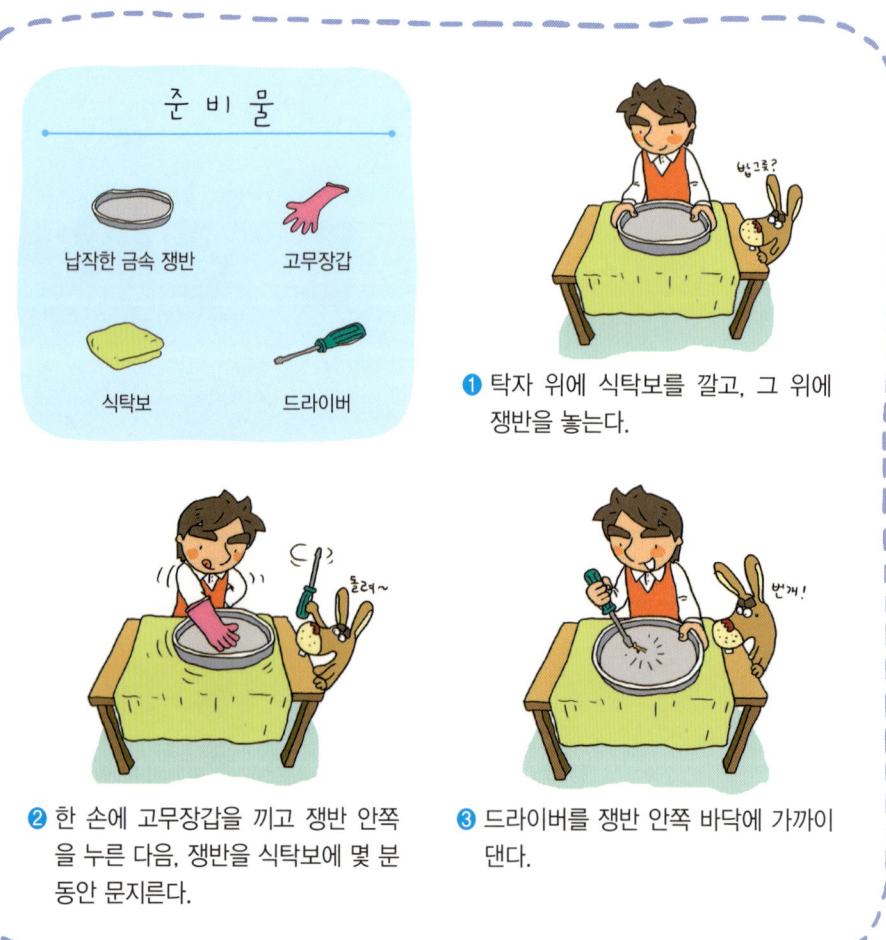

준비물: 납작한 금속 쟁반, 고무장갑, 식탁보, 드라이버

❶ 탁자 위에 식탁보를 깔고, 그 위에 쟁반을 놓는다.

❷ 한 손에 고무장갑을 끼고 쟁반 안쪽을 누른 다음, 쟁반을 식탁보에 몇 분 동안 문지른다.

❸ 드라이버를 쟁반 안쪽 바닥에 가까이 댄다.

어때? 쟁반에서 작은 불꽃이 생기지? 금속 쟁반을 식탁보에 문지르면 마찰에 의해 정전기가 일어나. 거기에 금속인 드라이버를 갖다 대니까 전기가 공기를 통해 드라이버로 전달, 번쩍 하고 불꽃이 일어나는 거야.

② 천둥소리 만들기

번개가 친 후에는 꼭 따라오는 무시무시한 소리. 바로 우르릉 쾅쾅 천둥소리. 그럼 이번에는 천둥소리를 만들어 볼까?

준비물: 종이봉투, 고무 밴드

❶ 종이봉투에 공기를 불어 넣어 풍선처럼 부풀게 한다.

❷ 부풀어 오른 종이봉투를 고무 밴드로 묶는다.

❸ 책상 위에 종이봉투를 놓고 양손으로 순식간에 터뜨린다.

펑! 봉투가 커다란 소리를 내면서 터져 버리지? 봉투가 터지면서 봉투 안에 들어 있던 공기가 갑자기 한꺼번에 밖으로 나오면서 나는 소리야. 갑작스런 공기의 움직임은 큰 소리를 만들어 낸다. 이것이 바로 천둥이 치는 원리지. 이젠 잘 알겠지?

1 불붙이는 돋보기

햇빛에는 열선인 적외선이 있어. 그래서 햇빛을 받으면 따뜻하다고 느끼지. 그런데 이 빛을 모으면 종이를 태울 정도로 아주 센 열을 얻을 수 있어.

준비물: 돋보기, 검은 종이

① 해가 있는 날 운동장 한가운데로 나간다.

② 검은 종이를 놓고, 그 위에 돋보기를 갖다 댄다.

③ 돋보기와 종이 사이의 거리를 조절하여 햇빛이 돋보기를 통과해 검은 종이 위의 한 곳으로 모이게 한다.

어때? 검은 종이 위에 아주 작고 빛나는 점 하나가 생기지? 볼록 렌즈인 돋보기가 아주 많은 햇빛을 한 점에 모은 거야. 이제 그대로 있으면 얼마 후 종이에서 연기가 나기 시작하고, 작은 구멍이 타 들어가는 것을 볼 수 있어. 햇빛 속의 적외선이 한 점에 아주 많이 모여 센 열이 나도록 하기 때문이지.

❷ 자외선은 화학선

자외선은 높은 화학 반응성 때문에 염료의 색을 바래게 만든다고 했지? 정말일까? 햇빛에 들어 있는 자외선을 이용해 직접 실험해 보자고.

준비물

컬러 프린터로 뽑은 그림이나 사진 두 장

❶ 그림이나 사진 두 장 중 한 장은 햇빛이 잘 드는 창가에 두고, 다른 한 장은 어두운 서랍에 넣어 둔다.

❷ 며칠 후에 그림이나 사진 두 장을 나란히 놓고 비교한다.

서랍에 넣어 둔 그림에 비해 햇빛에 놓아둔 그림이 훨씬 흐릿해진 것을 볼 수 있지? 햇빛 속의 자외선이 그림의 염료와 화학 반응을 일으켜 색을 바래게 했기 때문이야. 시간이 지날수록 그 차이가 훨씬 커지니까 쭉 지켜봐.

달곰이랑 함께 하는 신기한 놀이

❶ 콩나물 기르기

식물이 잘 자라기 위해서는 빛이 꼭 필요하다는 것을 직접 실험을 통해 알아볼까? 바로 콩나물을 길러 보는 거야.

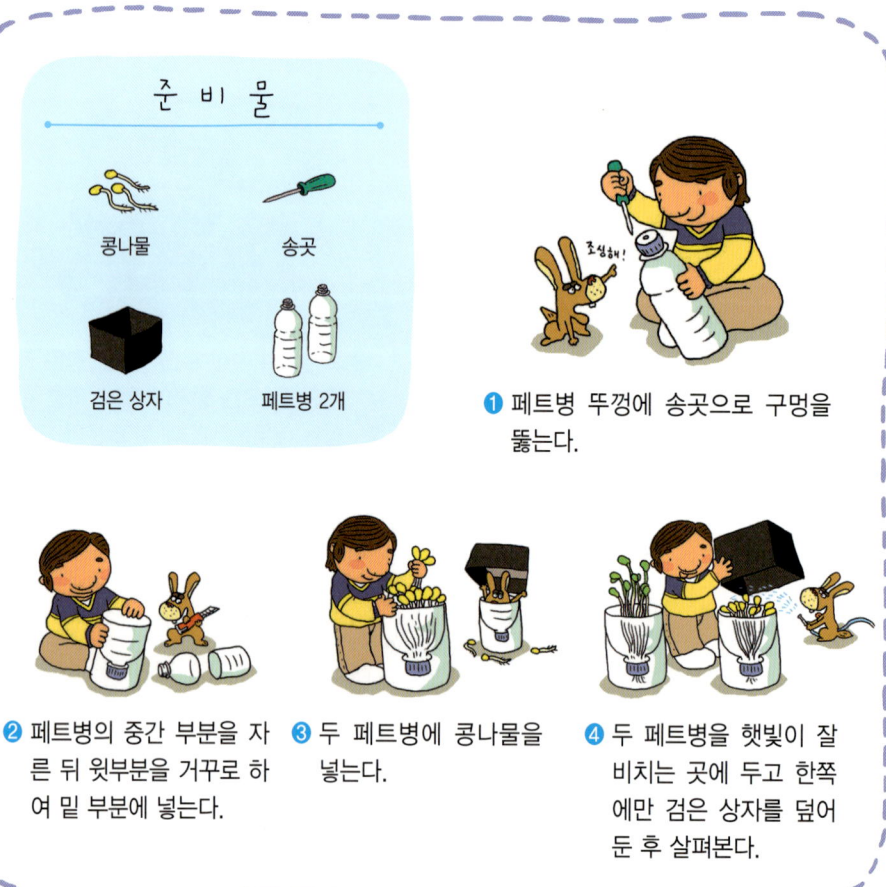

어때? 그냥 햇빛에 둔 것은 굵기가 굵고 초록색을 띠며 햇빛을 향해 굽어 자라지만, 검은 상자로 덮어 빛을 차단한 것은 굵기가 가늘고 노란색을 띠며 위쪽으로 곧게 자라지? 그러니까 식물이 잘 자라기 위해서는 꼭 빛이 필요하고, 식물은 빛을 향해 굽는 굴광성이 있다는 것을 알 수 있지.

❷ 강낭콩 미로

식물이 빛을 향해 구부러지는 성질을 보다 정확하게 확인해 볼까? 강낭콩 미로를 만들면 식물이 어떻게 빛을 찾아가는지 볼 수 있지.

준비물: 강낭콩을 심은 화분, 구두 상자, 두꺼운 종이, 붓, 검은 물감, 셀로판 테이프, 칼

❶ 구두 상자의 짧은 면 가운데에 지름 3cm 정도의 구멍을 뚫는다.

❷ 구두 상자 안과 뚜껑을 물감과 붓으로 전부 검은 색으로 칠한다.

❸ 두꺼운 종이를 구두 상자 짧은 면의 2/3 길이로 두 개 자르고 엇갈려 붙여 미로를 만든다.

❹ 상자의 구멍을 위로 하고 강낭콩 화분을 넣은 후, 뚜껑을 닫고 햇빛이 드는 곳에 놓아둔다.

이제 빛이 들어갈 수 있는 곳은 위쪽에 뚫린 작은 구멍뿐. 상자를 검게 칠한 것은 상자 안에서 반사되는 빛을 최소로 줄이기 위해서야. 그렇게 며칠 동안 강낭콩이 자라도록 놔둔 다음, 뚜껑을 열어 보면? 빛을 찾아 구불구불 미로를 통과해 자란 강낭콩을 볼 수 있지. 진짜 신기하지?

요리랑 함께 하는 신기한 놀이

① 수압을 느끼자!

물에도 압력이 있다니, 신기하지? 하지만 아주 간단한 방법으로도 수압을 느낄 수 있어. 같이 해 볼래?

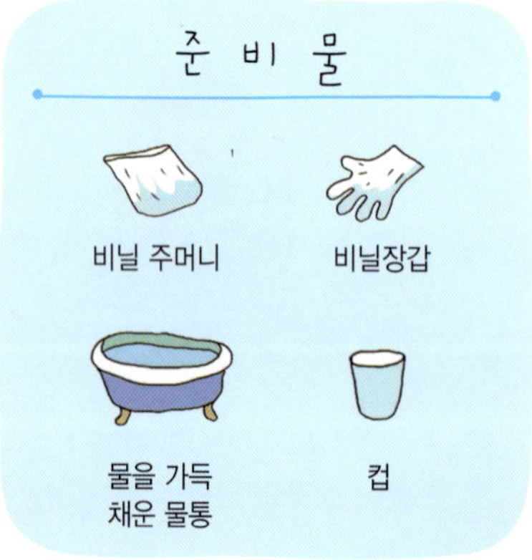

준비물
- 비닐 주머니
- 비닐장갑
- 물을 가득 채운 물통
- 컵

❶ 손에 비닐장갑을 끼고 비닐 주머니에 컵을 넣는다.

❷ 물통에 비닐장갑 낀 손과 비닐 주머니에 든 컵을 넣는다.

손을 넣어 보니, 어때? 장갑이 사방에서 달라붙지? 답답한 느낌도 나고, 손을 이리저리 움직여도 붙은 모양이 변하지 않아. 바로 물이 누르는 압력 때문이야. 비닐 주머니에 넣은 컵도 사방에서 비닐 주머니가 달라붙어 울퉁불퉁한 표면의 모양이 그대로 나타나지.

❷ 높이에 따른 수압의 변화

수압은 물이 깊어질수록 높아진다고 했지. 정말 그럴까? 직접 실험하면 확실히 알 수 있지.

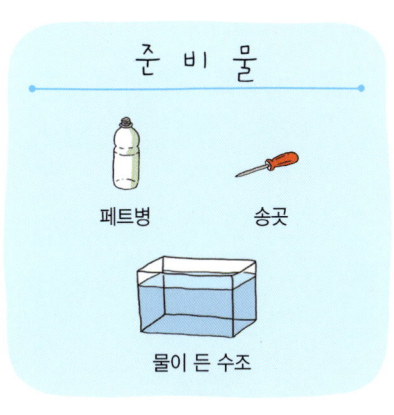

❶ 페트병에 송곳으로 구멍 세 개를 높이를 다르게 하여 한 줄로 뚫는다.

❷ 물이 든 수조에 페트병을 넣고 구멍을 통해 들어오는 물줄기의 세기를 살펴본다.

❸ 물이 다 채워지면 페트병을 꺼내 들고 구멍을 통해 나가는 물줄기의 세기를 살펴본다.

어때? 물이 구멍으로 들어올 때나 나갈 때나 모두 가장 아래에 있는 구멍의 물줄기가 가장 세지? 가장 위에 있는 구멍의 물줄기가 가장 약하고. 이는 바로 물의 깊이가 깊을수록 수압이 높아지기 때문이지.

찾아보기

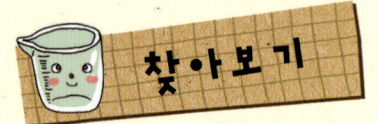   

ㄱ
감마선 71
관성 160
광합성 101
구심력 154, 162
굴광성 92, 101
굴기성 103
굴성 102
굴수성 103
굴지성 102
굴촉성 103
굴화성 102
기단 40
기압 124, 128, 130

ㅁ
마이크로파 61, 71
먼지 81

ㅂ
방전 38
번개 18, 33, 38
벼락 18, 39
복어 113
부엉이 156
북태평양 기단 40
빛 81, 100

ㅅ
산소 중독 124
수압 124, 130
시베리아 기단 40

ㅇ
안전 정지 125
압력 131
양의 굴광성 102
양쯔 강 기단 40
엑스선 71
열선 72
엽록소 101
엽록체 101
오(5)만 원권 68
오호츠크 해 기단 40
옥신 101
원운동 154, 162
음의 굴광성 102
음향 측심기 124

ㅈ
자외선 61, 64, 71
잠수병 124, 126, 132
적도 기단 40
적외선 66, 72
전자기파 70
전자레인지 61
전파 71
접선 162
직선 운동 154, 161
질소 125, 132

ㅊ
천둥 18, 33
초음파 124

ㅌ
테트로도톡신 113

ㅍ
파키라 92
필적 감정 58

ㅎ
하이패스 145
현무암 111
화학선 61, 71
힘 160